школа - shkolla	2
падарожжа - udhëtim	5
транспарт - transport	8
горад - qytet	10
краявід - peisazh	14
рэстаран - restorant	17
супермаркет - supermarket	20
напоі - pije	22
ежа - ushqim	23
сядзіба - fermë	27
дом - shtëpi	31
жылы пакой - dhomë ndenjeje	33
кухня - kuzhinë	35
ванная - tualet	38
дзіцячы пакой - dhomë fëmijësh	42
адзенне - veshje	44
офіс - zyrë	49
эканоміка - ekonomi	51
прафесіі - profesionet	53
інструменты - mjete	56
музычныя інструменты - instrumenta muzikorë	57
заапарк - kopsht zoologjik	59
спорт - sportet	62
дзейнасць - aktivitet	63
сям'я - familje	67
цела - trupi	68
шпіталь - spital	72
экстраная дапамога - emergjencë	76
Зямля - toka	77
гадзіннік - orë	79
тыдзень - javë	80
год - vit	81
формы - forma	83
колеры - ngjyra	84
супрацьлегласці - të kundërta	85
лічбы - numra	88
мовы - gjuhët	90
хто / што / як - kush / çfarë / si	91
дзе - ku	92

Impressum
Verlag: BABADADA GmbH, Nedderfeld 112 , 22529 Hamburg
Geschäftsführer / Verlagsleitung: Harald Hof
Druck: Books on Demand GmbH, In de Tarpen 42, 22848 Norderstedt

Imprint
Publisher: BABADADA GmbH, Nedderfeld 112 , 22529 Hamburg, Germany
Managing Director / Publishing direction: Harald Hof
Print: Books on Demand GmbH, In de Tarpen 42, 22848 Norderstedt, Germany

школа

shkolla

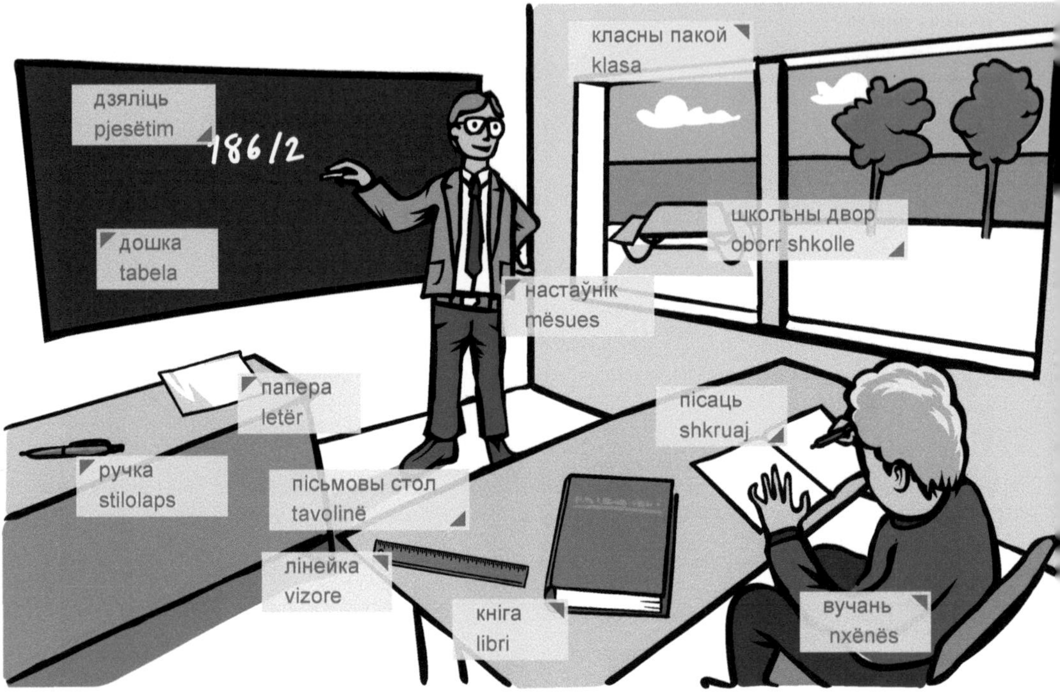

класны пакой
klasa
дзяліць
pjesëtim
186/2
дошка
tabela
школьны двор
oborr shkolle
настаўнік
mësues
папера
letër
пісаць
shkruaj
ручка
stilolaps
пісьмовы стол
tavolinë
лінейка
vizore
кніга
libri
вучань
nxënës

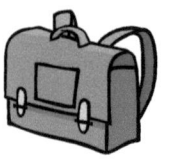

ранец

çantë

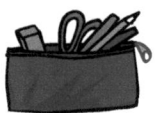

пенал

mbajtëse lapsash

просты аловак

laps

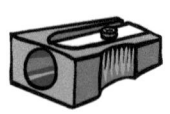

тачылка для алоўкаў

mprehës lapsash

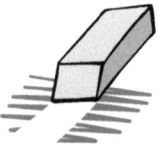

гумка

gomë

альбом для малявання

fletore vizatimi

малюнак

vizatim

пэндзлік

penel

фарбы

kuti bojërash

нажніцы

gërshërë

клей

ngjitës

сшытак

fletore detyrash

хатняе заданне

detyrë shtëpie

лік

numër

дадаваць

mbledh

адымаць

zbres

множыць

shumëzoj

лічыць

llogaris

літара

gërmë

алфавіт

alfabeti

слова

fjalë

тэкст

tekst

чытаць

lexoj

крэйда

shkumës

ўрок

mësim

класны журнал

regjistër

экзамен

provim

атэстат

çertifikatë

школьная форма

uniformë shkolle

адукацыя

arsimim

энцыклапедыя

enciklopedia

універсітэт

universitet

мікраскоп

mikroskop

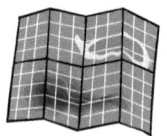

карта

hartë

смеццевы кошык

kosh letrash

падарожжа
udhëtim

гатэль
hotel
Grand
хостэл
bujtinë
ROOMS
EXCHANGE
абменны пункт
pikë këmbimi valutor
чамадан
valixhe
аўтамабіль
makinë

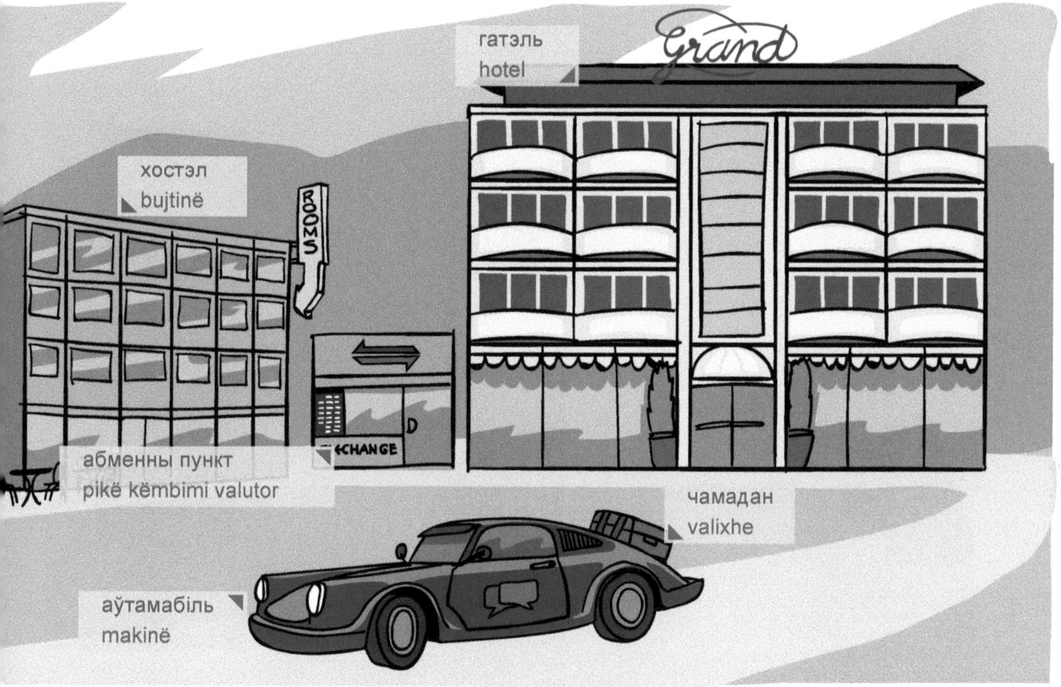

мова

gjuhë

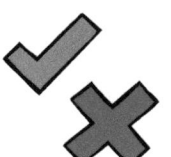

так / не

po / jo

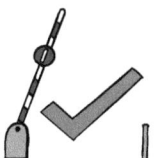

добра

Në rregull

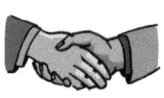

прывітанне!

ç'kemi

перакладчык

përkthyes

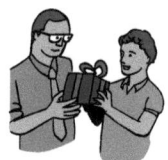

дзякуй

Faleminderit

Колькі каштуе....?

sa kushton...?

я не разумею

nuk e kuptoj

праблема

problem

Добры вечар!

Mirëmbrëma!

Добрай раніцы!

Mirëmëngjes!

Дабранач!

Natën e mirë!

да пабачэння

mirupafshim

кірунак

drejtim

багаж

bagazhet

сумка

çantë

заплечнік

çantë shpine

госць

mysafir

пакой

dhomë

спальны мяшок

thes gjumi

палатка

tendë

фармацыя для турыстаў

informacion për turistët

пляж

plazh

крэдытная картка

kartë krediti

снеданне

mëngjes

абед

drekë

вячэра

darkë

праязны білет

Biletë

ліфт

ashensor

паштовая марка

pulla

мяжа

kufi

мытня

doganë

пасольства

ambasadë

віза

vizë

пашпарт

pasaportë

транспарт

transport

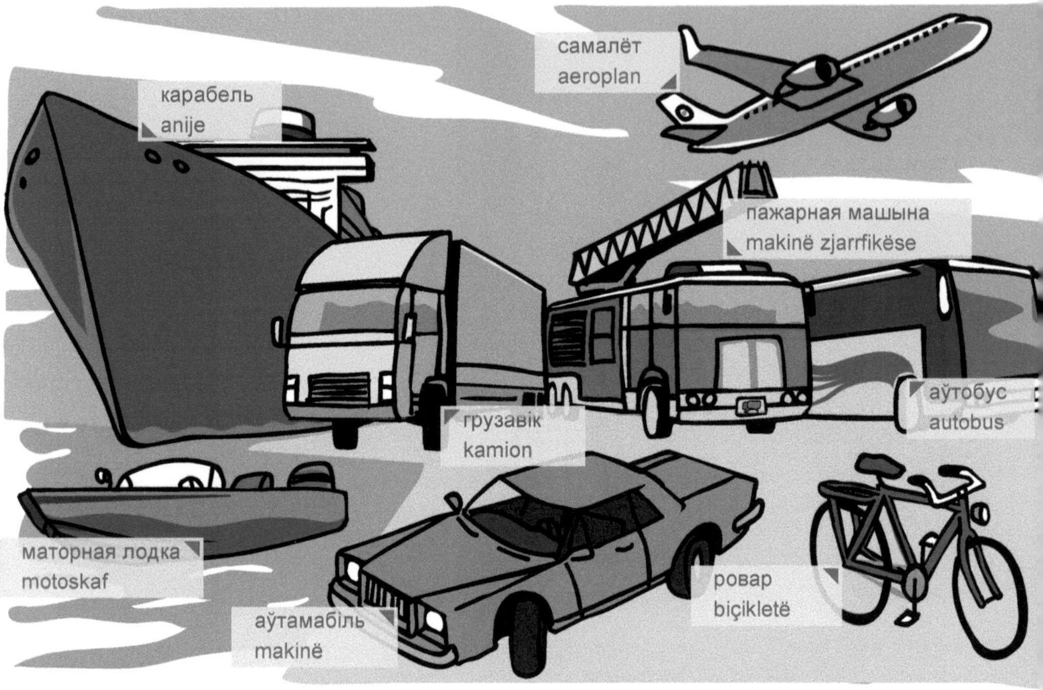
самалёт
aeroplan
карабель
anije
пажарная машына
makinë zjarrfikëse
аўтобус
autobus
грузавік
kamion
маторная лодка
motoskaf
ровар
biçikletë
аўтамабіль
makinë

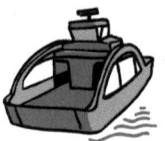

паром
traget

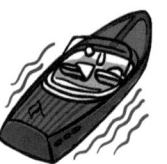

лодка
varkë

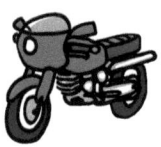

матацыкл
motoçikletë

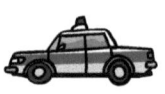

паліцэйская машына
makinë policie

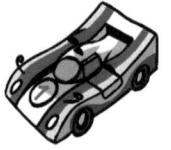

гоначны аўтамабіль
makinë garash

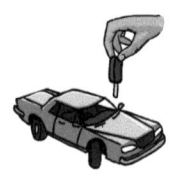

арэндаваны аўтамабіль
makinë me qira

сумеснае карыстанне
аўтамабілем
darje e qirasë së makinës

эвакуатар
karroatrec

смеццявоз
makinë plehrash

матор
motor

паліва
benzinë

запраўка
pikë karburanti

дарожны знак
sinjalistikë trafiku

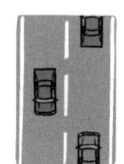

дарожны рух
trafik

затор
bllokim trafiku

паркоўка
parkim makinash

чыгуначная станцыя
stacion treni

рэйкі
trase

цягнік
tren

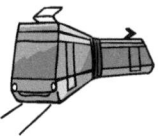

трамвай
tramvaj

вагон
karro

верталёт

helikopter

аэрапорт

aeroport

вежа

kullë

пасажыр

pasagjer

кантэйнер

kontenier

кардонная скрыня

kuti kartoni

тачка

qerre

карзіна

shportë

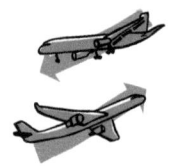

ўзлятаць / прызямляцца

ngrihem / ulem

горад

qytet

вёска

fshat

цэнтр горада

qendra e qytetit

дом

shtëpi

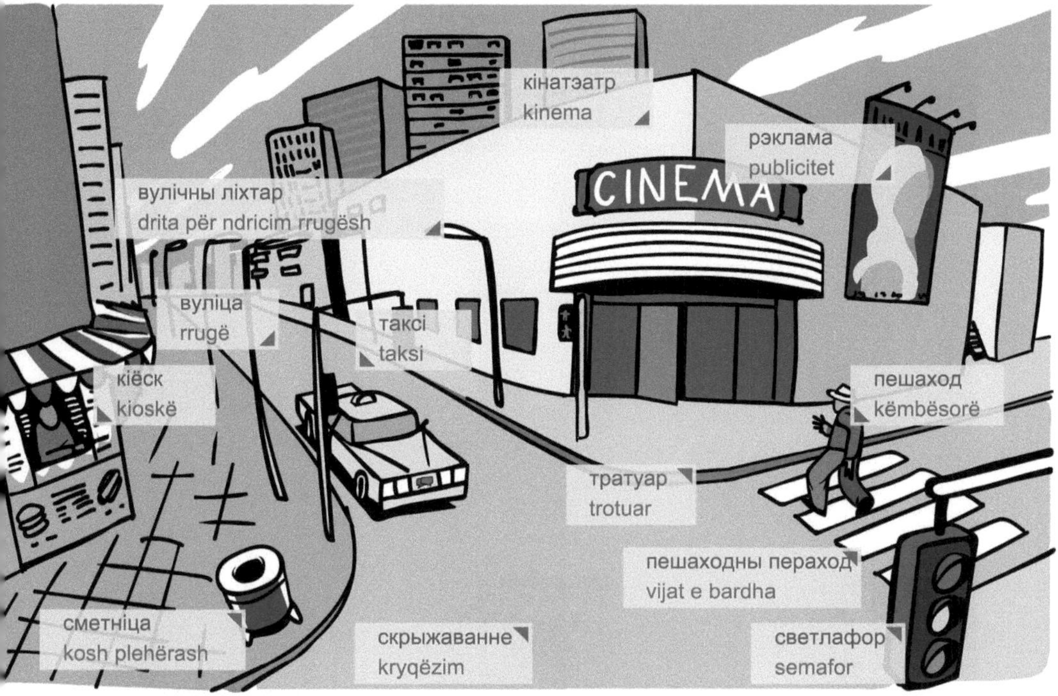
кінатэатр
kinema
рэклама
publicitet
CINEMA
вулічны ліхтар
drita për ndricim rrugësh
вуліца
rrugë
таксі
taksi
кіёск
kioskë
пешаход
këmbësorë
тратуар
trotuar
пешаходны пераход
vijat e bardha
сметніца
kosh plehërash
скрыжаванне
kryqëzim
светлафор
semafor

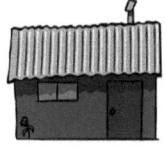

халупа

kasolle

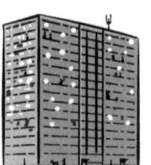

кватэра

apartament

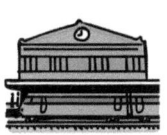

чыгуначная станцыя

stacion treni

ратуша

bashki

MUSEUM

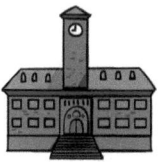

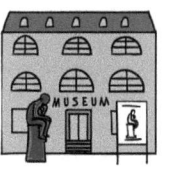

музей

muze

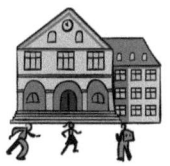

школа

shkolla

універсітэт
universitet

банк
bankë

шпіталь
spital

гатэль
hotel

аптэка
farmaci

офіс
zyrë

кнігарня
librari

крама
dyqan

кветкавая крама
dyqan lulesh

супермаркет
supermarket

кірмаш
market

універмаг
maro

рыбная крама
dyqan peshku

гандлевы цэнтр
qëndër tregtare

порт
port

парк
park

лава
stol

мост
urë

лесвіца
shkallë

метро
metro

тунэль
tunel

прыпынак
stacion autobuzi

бар
bar

рэстаран
restorant

паштовая скрыня
kuti postare

вулічны паказальнік
sinjalistikë rrugore

паркамат
kohëmatës parkimi

заапарк
kopsht zoologjik

басейн
pishinë

мячэць
xhami

сядзіба
fermë

забруджванне
навакольнага асяроддзя
ndotje

могілкі
varrezë

царква
kishë

пляцоўка для гульні
shesh lojërash

храм
tempull

краявід
peisazh

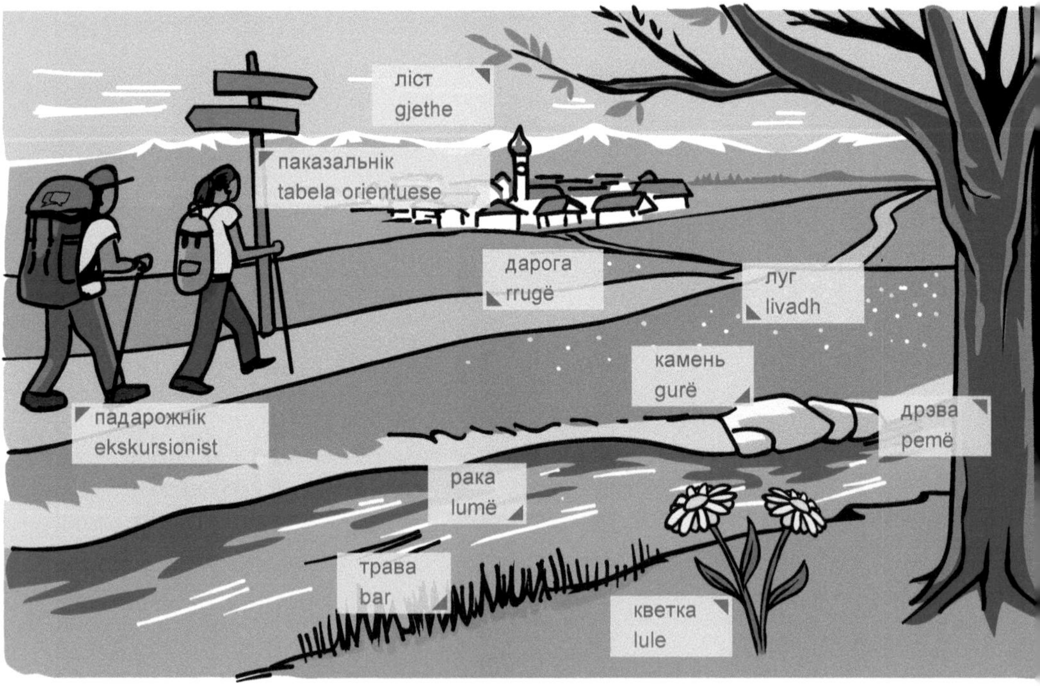

ліст
gjethe

паказальнік
tabela orientuese

дарога
rrugë

луг
livadh

камень
gurë

дрэва
pemë

падарожнік
ekskursionist

рака
lumë

трава
bar

кветка
lule

даліна

luginë

гара

kodër

возера

liqen

лес

pyll

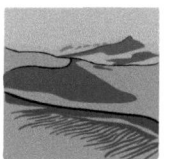

пустыня

shkretëtirë

вулкан

vullkan

замак

kështjellë

вясёлка

ylber

грыб

kepudhë

пальма

palmë

камар

mushkonjë

муха

mizë

мурашка

milingonë

пчала

bletë

павук

merimangë

жук

brumbull

жаба

bretkosë

вавёрка

ketёr

вожык

iriq

заяц

lepur

сава

buf

птушка

zog

лебедзь

mjellmë

дзік

derr i egёr

алень

dre

лось

dre brilopatë

плаціна

digё

вятрак

turbinë ere

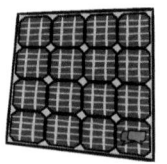

сонечная батарэя

panel diellor

клімат

klimë

рэстаран
restorant

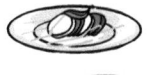

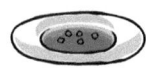

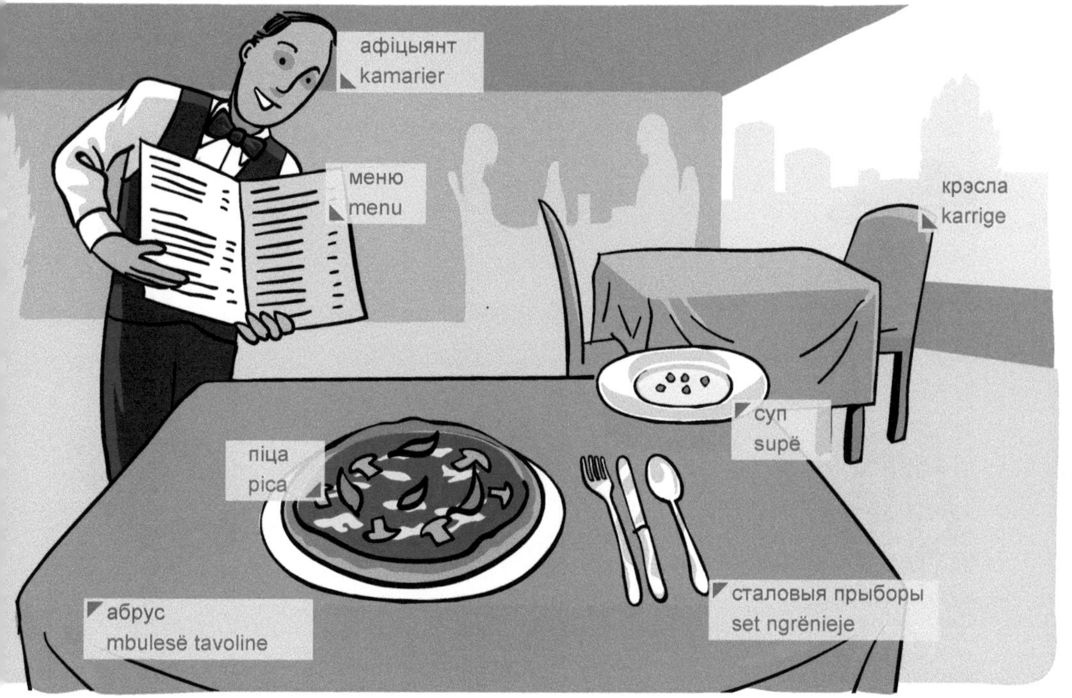
афіцыянт
kamarier
меню
menu
крэсла
karrige
суп
supë
піца
pica
абрус
mbulesë tavoline
сталовыя прыборы
set ngrënieje

закуска

pjatë e parë

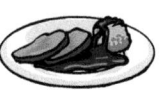

другая страва

pjatë kryesore

дэсерт

ëmbëlsirë

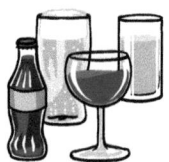

напоі

pije

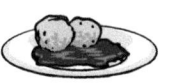

ежа

ushqim

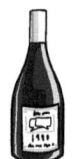

бутэлька

shishe

хуткае харчаванне (фаст-
фуд)

ushqim i shpejtë

стрыт-фуд

ushqim i shërbyer në rrugë

імбрык (чайнік)

ibrik çaji

цукарніца

kuti sheqeri

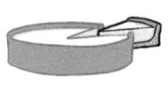

порцыя

racion

эспрэса-машына

makinë kafeje ekspres

дзіцячае крэселка

karrige e lartë

рахунак

faturë

паднос

tabaka

нож

thika

відэлец

pirun

лыжка

lugë

чайная лыжка

lugë çaji

сурвэтка

pecetë

шклянка

gotë

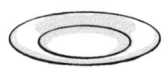

талерка

pjatë

супавая талерка

pjatë supe

сподак

pjatë filxhani

соус

salcë

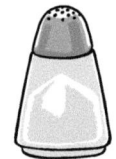

сальніца

mbajtëse kripe

млынок для перцу

mulli piperi

воцат

uthull

алей

vaj

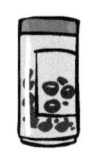

спецыі

erëza

кетчуп

keçap

гарчыца

mustardë

маянэз

majonezë

супермаркет
supermarket

акцыя
ofertë speciale
FOR
пакупнік
klient
малочныя прадукты
produkte bulmeti
садавіна
frut
вазок
karrocë pazari

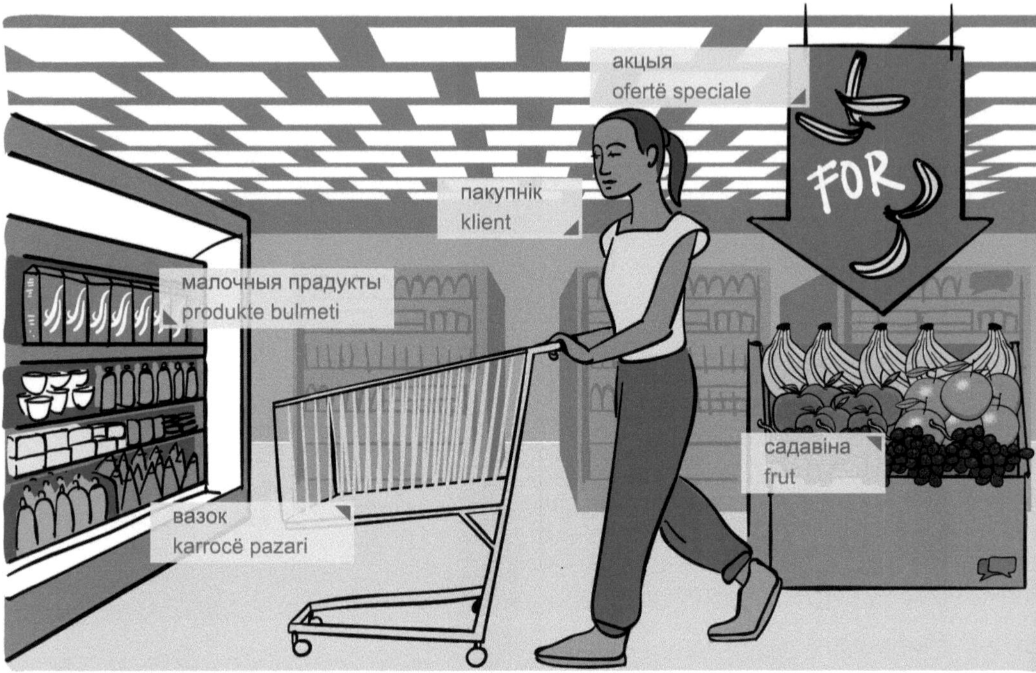

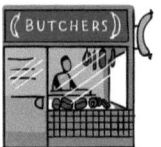

BUTCHERS
мясная крама
dyqan mishi

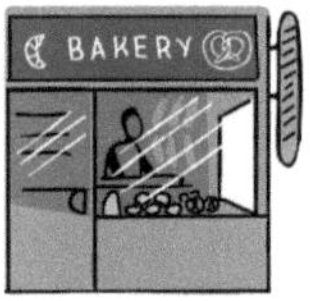

BAKERY
хлебны магазін
furrë buke

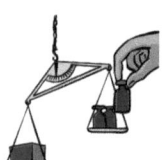

важыць
peshoj

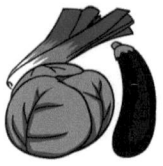

гароднiна
perime

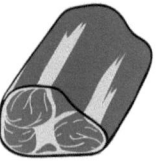

мяса
mish

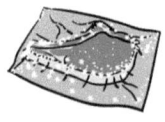

свежазамарожаныя прадукты
ushqim i ngrirë

нарэзка

copë

кансервы

ushqim i konservuar

пральны парашок

pluhur larës

прысмакі

ëmbëlsirat

хатнія прылады

prodhime shtëpie

чысцячы сродак

produkte pastrimi

прадавец

shitëse

каса

kasë fiskale

касір

arkëtar

спіс пакупак

listë blerjeje

гадзіны працы

oraret e punës

бумажнік

portofol

крэдытная картка

kartë krediti

сумка

çantë

пакет

qese plastike

вада

ujë

сок

lëng frutash

малако

qumësht

кола

koka-kola

віно

verë

піва

birrë

алкаголь

alkool

какава

kakao

гарбата (чай)

çaj

кава

kafe

эспрэса

kafe ekspres

капучына

kapuçino

банан

banane

яблык

mollë

апельсін

portokalle

дыня

pjepër

лімон

limon

морква

karrotë

часнок

hudhër

бамбук

bambu

цыбуля

qepë

грыб

kërpudha

арэхі

arra

локшына

makarona

спагеці

spageti

рыс

oriz

салата

sallatë

бульба фры

patate të skuqura

смажаная бульба

patate të skuqura

піца

pica

гамбургер

hamburger

бутэрброд

sanduiç

шніцаль

shnicel

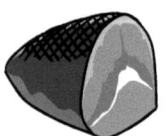

вяндліна

proshutë

салямі

sallam

каўбаса

salçiçe

курыца

pulë

смажаніна

skuq

рыбак

peshk

ежа - ushqim

аўсяныя камякі

tërshërë

мюслі

drithëra

кукурузныя шматкі

kornfleiks

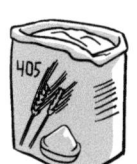

мука

miell

круасан

kruasant

булачка

panine

хлеб

bukë

тост

tost

пячэнне

biskotë

масла

gjalp

тварог

gjizë

пірог

tortë

яйка

vezë

яечня

vezë sy

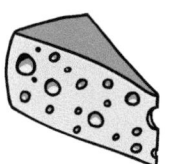

сыр

djathë

марожанае

akullore

цукар

sheqer

мёд

mjaltë

варэнне

marmaladë

нуга

çokokrem

кары

këri

сядзіба
fermë

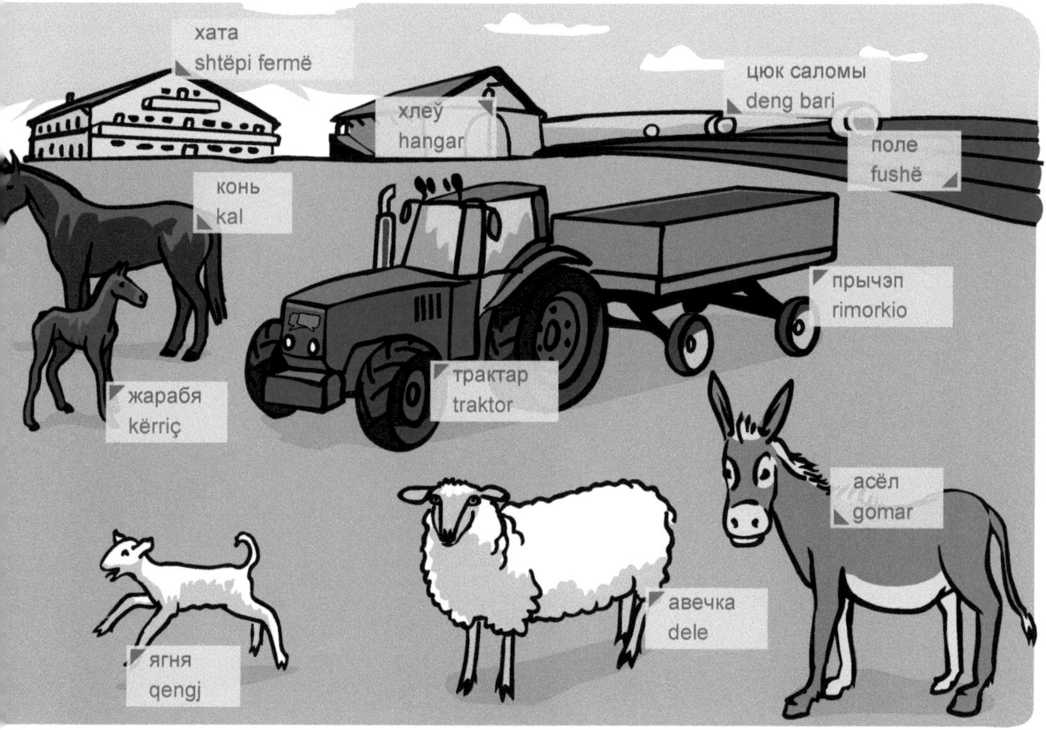
хата
shtëpi fermë
хлеў
hangar
цюк саломы
deng bari
поле
fushë
конь
kal
прычэп
rimorkio
жарабя
kërriç
трактар
traktor
асёл
gomar
авечка
dele
ягня
qengj

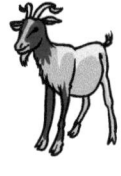

каза
dhi

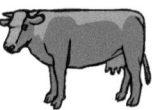

карова
lopë

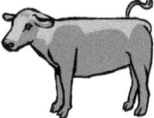

цяля
viç

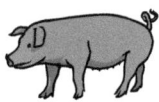

свіння
derr

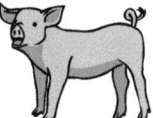

парася
derrkuc

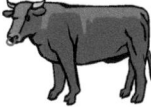

бык
dem

гусак

patë

качка

rosë

кураня

zog pule

курыца

pulë

певень

gjel

пацук

mi

кот

mace

мыш

mi

вол

buall

сабака

qen

сабачая будка

kolibe qeni

садовы шланг

zorrë vaditëse

палівачка

vaditëse

каса

kosë

плуг

plug

серп

drapër

матыка

shat

вілы для гною

kosa

сякера

sëpatë

тачка

karrocë

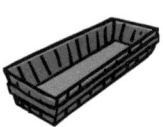

карыта

govatë

бітон для малака

bidon qumështi

мех

thes

плот

gardh

хлеў

ahur

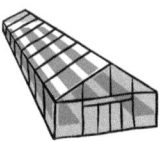

цяпліца

serë

глеба

dhe

насенне

farë

угнаенне

pleh

камбайн

autokombanjë

збіраць ураджай

korr

ураджай

te korrat

ямс

patate e ëmbël "Yam"

пшаніца

grurë

соя

soja

бульба

patate

кукуруза

misër

рапс

raps

садовае дрэва

pemë frutore

маніёк

zhardhok manioku

збожжа

drithëra

дом
shtëpi

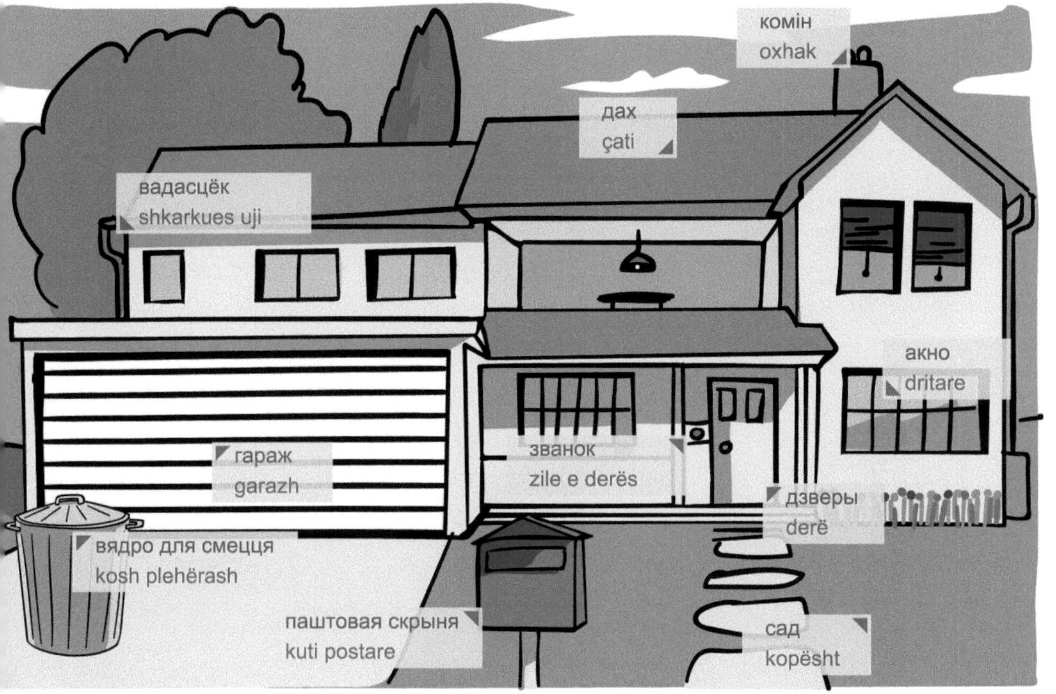
комін
oxhak
дах
çati
вадасцёк
shkarkues uji
акно
dritare
гараж
garazh
званок
zile e derës
дзверы
derë
вядро для смецця
kosh plehërash
паштовая скрыня
kuti postare
сад
kopësht

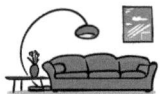

жылы пакой
....
dhomë ndenjeje

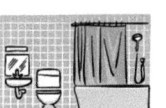

ванная
....
tualet

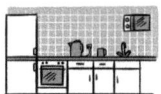

кухня
....
kuzhinë

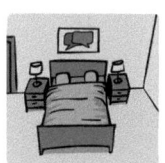

спальны пакой
....
dhomë gjumi

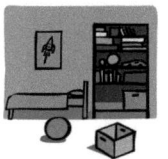

дзіцячы пакой
....
dhomë fëmijësh

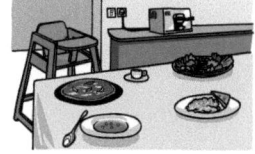

сталоўка
....
dhomë ngrënieje

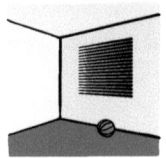

падлога

dysheme

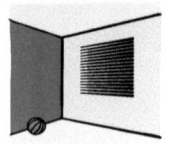

сцяна

mur

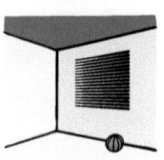

столь

tavan

падвал

bodrum

саўна

sauna

балкон

ballkon

тэраса

tarracë

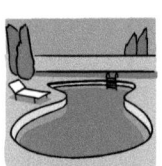

басейн

pishinë

касілка

kositëse bari

падкоўдранік

çarçaf

коўдра

kuvertë

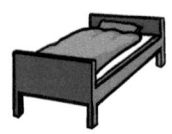

ложак

krevat

венік

fshesë dore

вядро

kovë

выключальнік

çelës

жылы пакой

dhomë ndenjeje

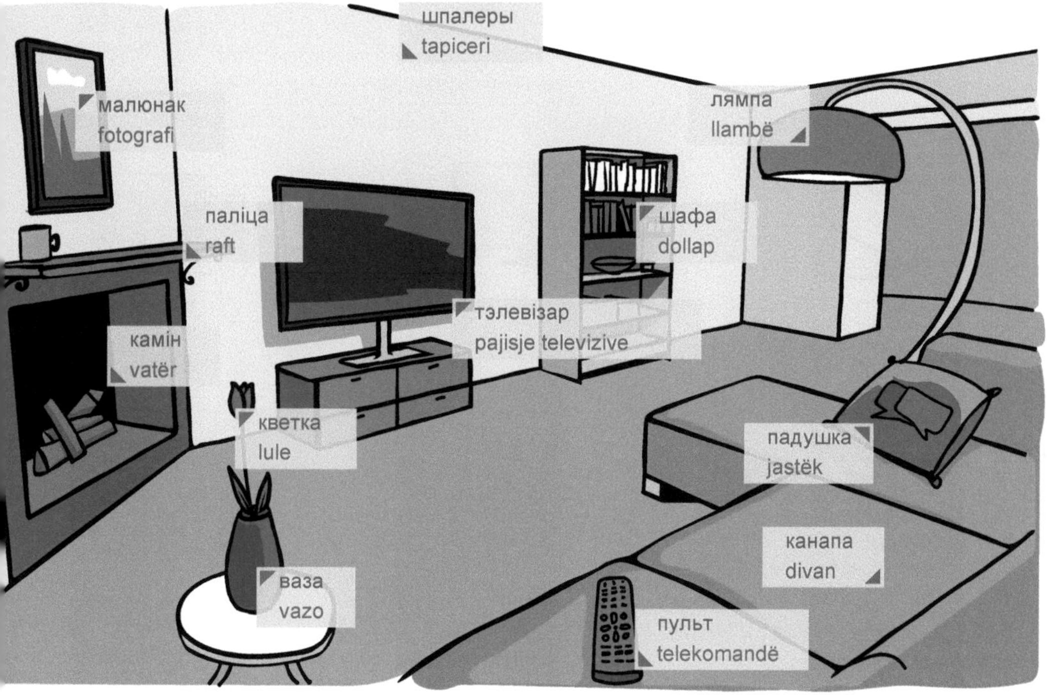

шпалеры
tapiceri
малюнак
fotografi
лямпа
llambë
паліца
raft
шафа
dollap
тэлевізар
pajisje televizive
камін
vatër
кветка
lule
падушка
jastëk
канапа
divan
ваза
vazo
пульт
telekomandë

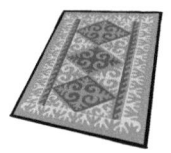

дыван

qilim

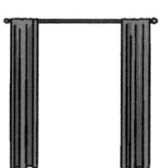

фіранка

perde

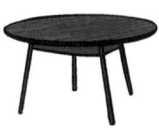

стол

tavolinë

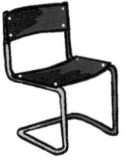

крэсла

karrige

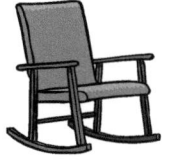

крэсла-качалка

karrige lëkundëse

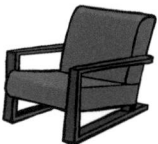

крэсла

kolltuk

кніга
libri

коўдра
batanije

дэкарацыя
zbukurime

дровы
dru zjarri

кіно
film

стэрэасістэма
stereo

ключ
çelës

газета
gazetë

карціна
pikturë

постар
afishe

радыё
radio

нататнік
bllok shënimesh

пыласос
fshesë me korent

кактус
kaktus

свечка
qiri

кухня
kuzhinë

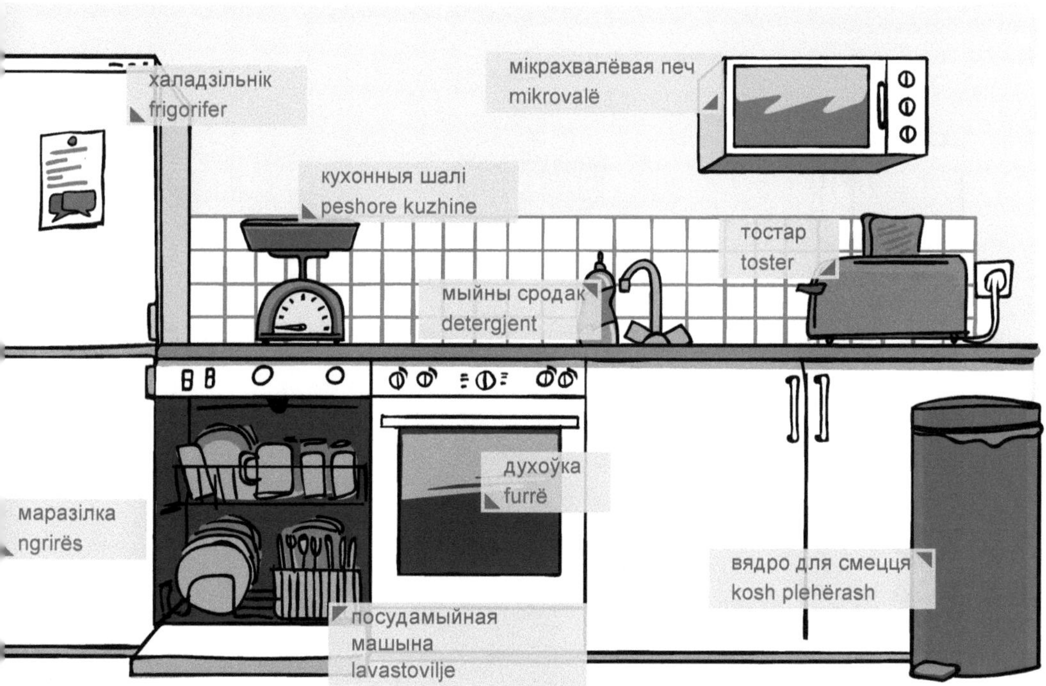

халадзільнік
frigorifer
мікрахвалёвая печ
mikrovalë
кухонныя шалі
peshore kuzhine
тостар
toster
мыйны сродак
detergjent
духоўка
furrë
маразілка
ngrirës
вядро для смецця
kosh plehërash
посудамыйная машына
lavastovilje

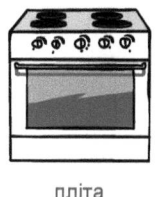

пліта
sobë

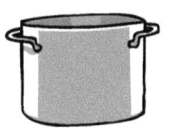

рондаль
tenxhere

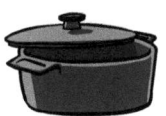

чыгунок
tenxhere me kapak

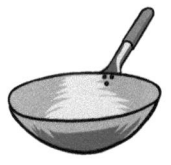

Вок / кадаі
tigan special (Wok)

патэльня
tigan

чайнік
çajnik

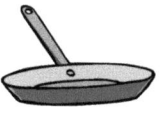

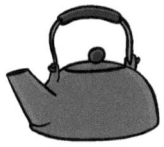

параварка
tenxhere me avull

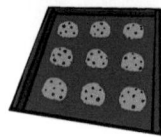

бляха
tavë pjekjeje

посуд
enë

кубак
filxhan

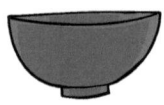

міска
tas

палачкі для ежы
shkopinj

чарпак
garuzhde

лапатачка
spatul

збівалка
tel kuzhine

сіта для варэння
kulluese

сіта
sitë

тарка
rende

ступка
havan

грыль
skarë

вогнішча
zjarr

дошка

dërrasë për prerje

качалка

okllai

штопар

heqëse tapash

бляшанка

kanaçe

адкрывалка

hapëse kanaçeje

прыхваткі

rrobë për të kapur
tenxheren

ракавіна

lavaman

шчотка

furçë

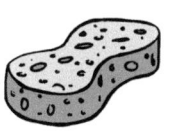

губка

sfungjer

міксер

përzjerës

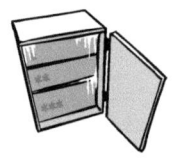

маразільная камера

ngrirës

бутэлечка

biberon për lëngje

вадаправодны кран

rubinet

ванная

tualet

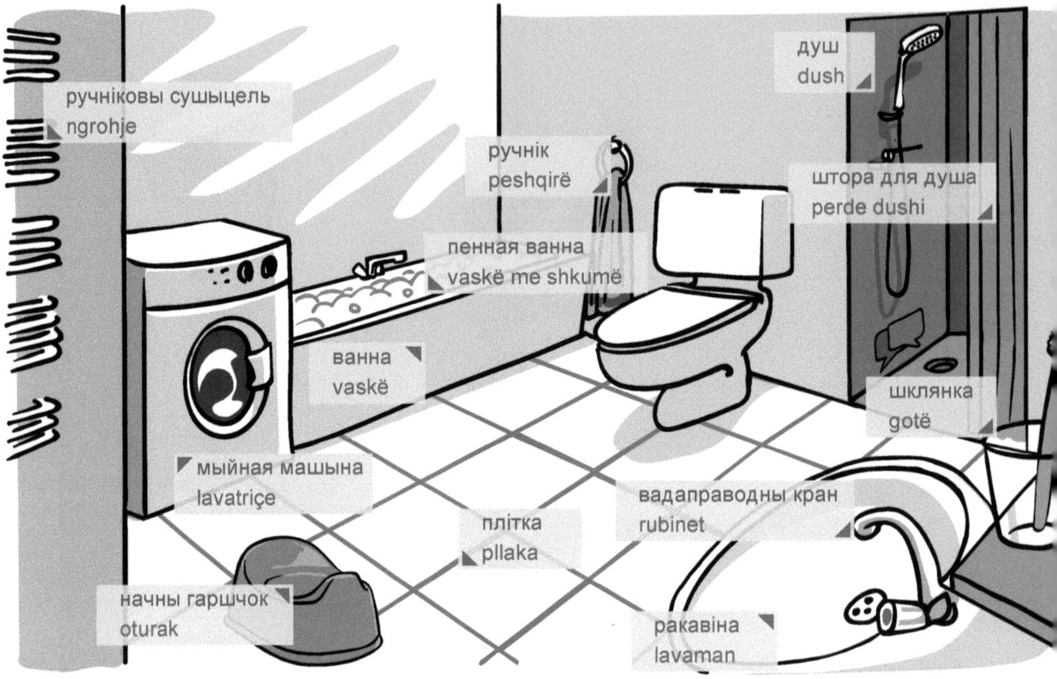

ручніковы сушыцель
ngrohje
душ
dush
ручнік
peshqirë
штора для душа
perde dushi
пенная ванна
vaskë me shkumë
ванна
vaskë
шклянка
gotë
мыйная машына
lavatriçe
вадаправодны кран
rubinet
плітка
pllaka
начны гаршчок
oturak
ракавіна
lavaman

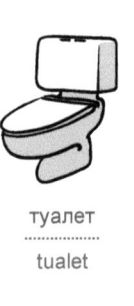

туалет

tualet

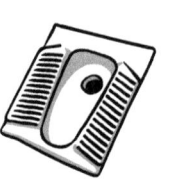

падлогавы ўнітаз

WC e sheshtë

бідэ

bide

пісуар

tualet publik

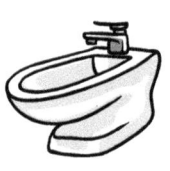

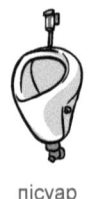

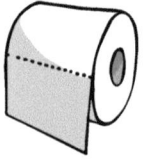

туалетная папера

letër higjienike

шчотка для чысткі ўнітаза

furçe për WC

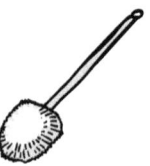

зубная шчотка

furçë dhëmbësh

зубная паста

pastë dhëmbësh

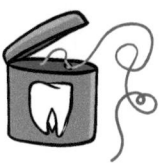

зубная нітка

fije dentare

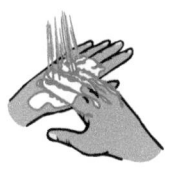

мыць

laj

ручны душ

dorezë dushi

інтымны душ

larës për zonën intime

умывальнік

legen

шчотка для спіны

furçë për masazh shpine

мыла

sapun

гель для душа

shampo trupi

шампунь

shampo

вяхотка

leckë pastruese

вадасцёк

kullues

крэм

krem

дэзадарант

antidjersë

люстэрка

pasqyrë

касметычнае люстэрка

pasqyrë dore

станок для галення

brisk rroje

пена для галення

shkumë rroje

ласьён пасля галення

locion pas rrojes

грэбень

krehër

шчотка

furçë

фен

tharëse flokësh

лак для валасоў

llak për flokët

касметыка

grim

памада

buzëkuq

лак для пазногцяў

manikyr

вата

mbushje pambuku

манікюрныя нажніцы

gërshërë për thonj

духі

parfum

касметычка

ntë për sendet personale

табурэтка

Stol

вагі

peshore

лазневы халат

robëdëshambër

санітарныя пальчаткі

dorashka gome

тампон

tampon

гігіенічныя пракладкі

peceta higjienike

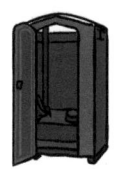

біятуалет

tualet I lëvizshëm

дзіцячы пакой
dhomë fëmijësh

будзільнік
orë me zile
мяккая цацка
lodra me pellushë
цацачная машынка
makinë lodër
бразготка
rraketake
лялечны домік
shtëpi kukullash
падарунак
dhuratë

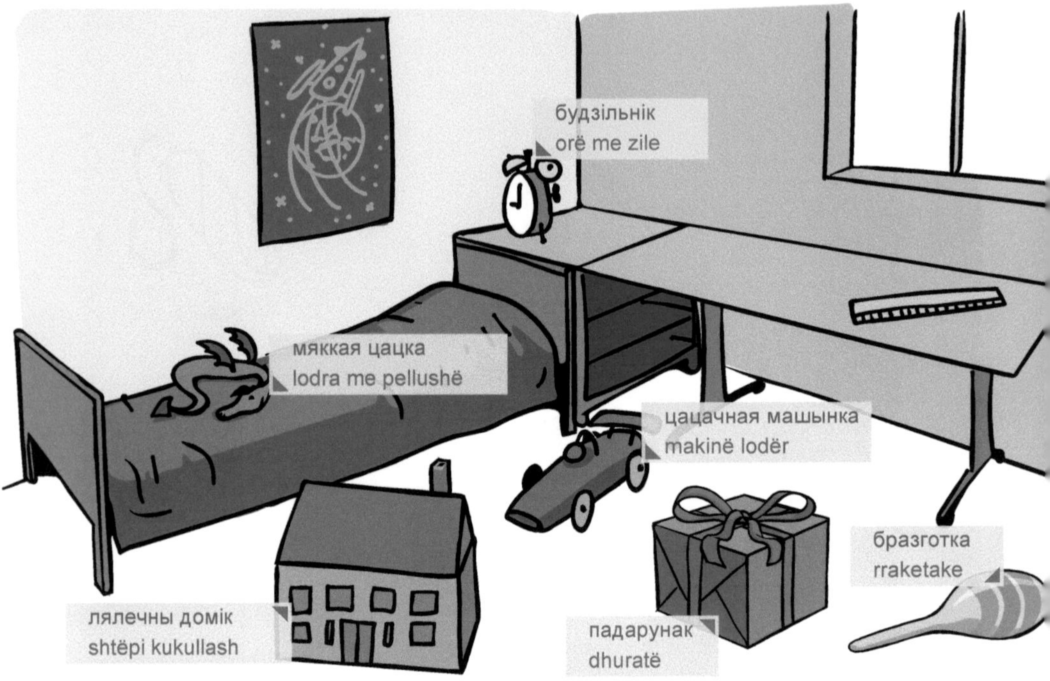

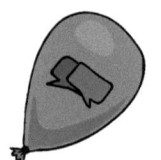

надзіманы шарык

tollumbace

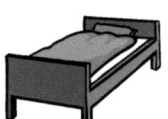

ложак

krevat

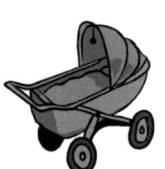

дзіцячая каляска

karrocë fëmijësh

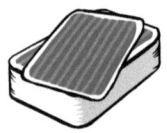

калода картаў

lojë me letra

пазл

bashkim pjesësh me figura

SUPER
MEGA

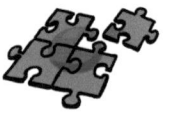

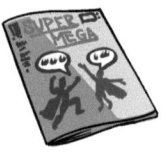

комікс

komik

канструктар "Лега"

formuese lodër

канструктар

kuba plastikë

экшэн-фігурка

lodra

дзіцячы гарнітур

badi

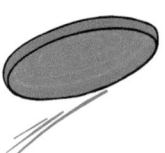
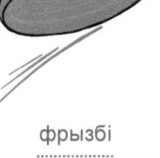

фрызбі

frizbi

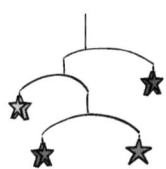

дзіцячы мабіль

lodra të varura tek krevati i fëmijëve

настольная гульня

tavolinë lojërash

кубік

zare

дзіцячая чыгунка

model treni

пустышка

biberon

дзіцячае свята

festë

кніга з малюнкамі

libër me ilustrime

мячык

top

лялька

kukull

гуляцца

luaj

пясочніца

grumbull rëre

арэлі

kolovarëse

цацкі

lodra

гульнявая відэа прыстаўка

leva për lojra video

трохколавы ровар

triçikël

плюшавы мішка

arush prej pellushi

шафа

garderobë

адзенне

veshje

шкарпэткі

çorape

панчохі

çorape të gjata

калготкі

geta

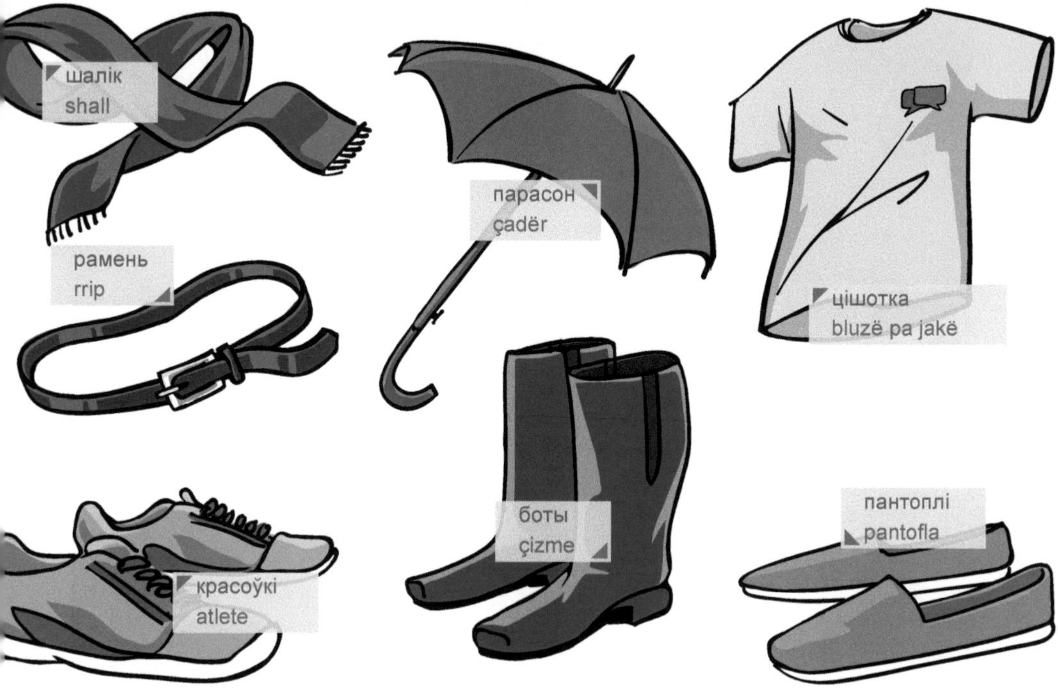

шалік
shall

парасон
çadër

рамень
rrip

цішотка
bluzë pa jakë

боты
çizme

пантоплі
pantofla

красоўкі
atlete

сандалі
....
sandale

абутак
....
këpucë

гумовыя боты
çizme llastiku

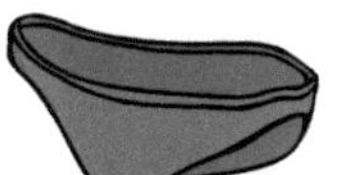

трусы
....
të mbathura

бюстгальтар
....
reçipeta

майка
....
kanotierë

бодзі

trup

штаны

pantallona

джынсы

xhinse

спадніца

fund

блузка

bluzë

кашуля

këmishë

джэмпер

pulovër

талстоўка

triko

блэйзер

xhaketë

куртка

xhaketë

паліто

pallto

дажджавік

mushama shiu

касцюм

kostum

сукенка

fustan

вясельная сукенка

fustan nusërie

касцюм

kostum

начная сарочка

këmishë nate

піжама

pizhama

сары

sari (veshje tradicionale indiane)

хустка

shami koke

цюрбан

çallmë

паранджа

veshje për femrat e besimit musliman

каптан

kaftan (lloj veshjeje tradicionale)

Абая

ferexhe

купальнік

kostum banje

плаўкі

rroba banje

шорты

pantallona të shkurtra

спартыўны касцюм

tuta sporti

фартух

përparëse

пальчаткі

dorashka

гузік

kopsë

акуляры

syze

бранзалет

byzylyk

каралі

gjerdan

кальцо

unazë

завушніца

vath

кепка

kapuç

вешалка

varëse për pallto

капялюш

kapele

гальштук

kravatë

маланка

zinxhir

шлем

helmetë

падцяжкі

tiranda

школьная форма

uniformë shkolle

уніформа

uniformë

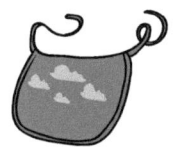

нагруднік

gushore

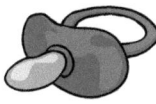

пустышка

biberon

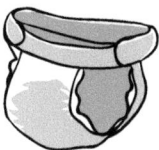

падгузнік

pelenë

офіс
zyrë

сервер
server
канцылярская шафа
skedar
прынтэр
printer
папера
letër
манітор
ekran
пісьмовы стол
tavolinë
мыш
maus
тэчка
dosje
клавіятура
tastierë
смеццевы кошык
kosh letrash
кампутар
kompjuter
крэсла
karrige

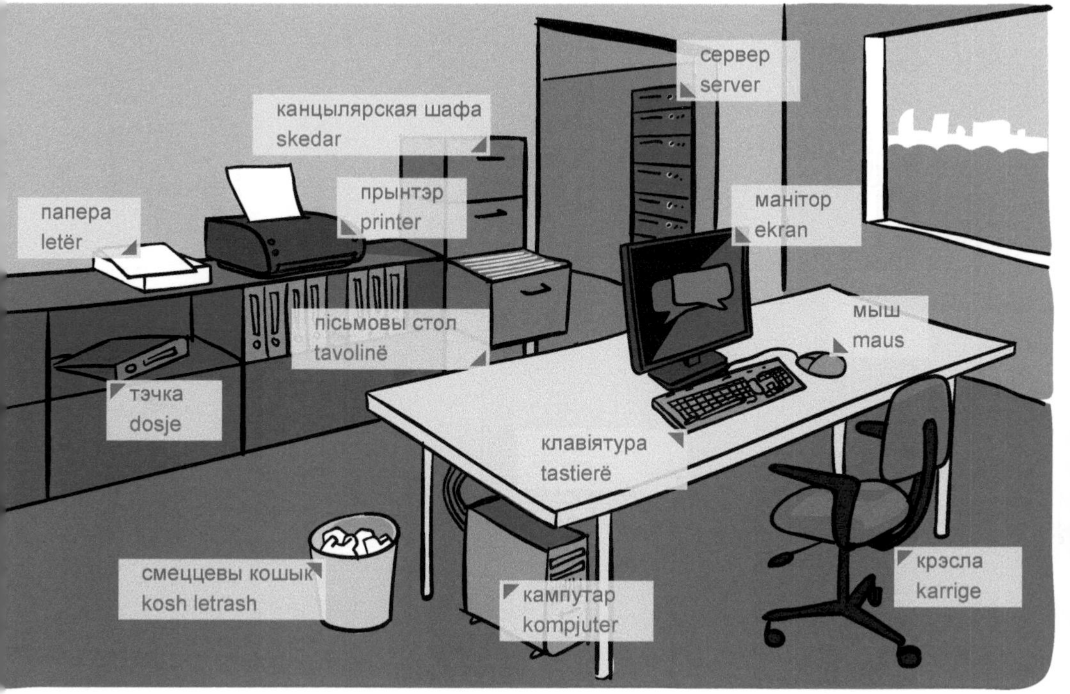

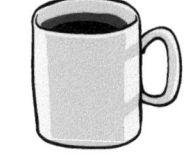

бак для кавы (філіжанка)

filxhan kafeje

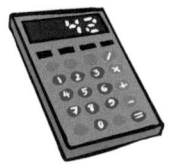

калькулятар

makinë llogaritëse

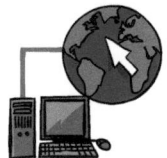

інтэрнэт

internet

ноўтбук

kompjuter portativ

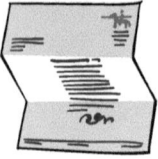

ліст

letër

паведамленне

mesazh

мабільны тэлефон

telefon

сетка

rrjet

ксеракс

fotokopje

праграмнае забеспячэнне

program

тэлефон

telefon

разетка

prizë

факс

pajisje faksi

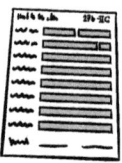

фармуляр

formular

дакумент

dokument

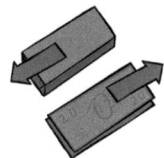

купляць
blej

плаціць
paguaj

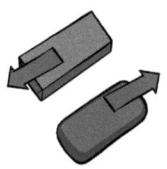

гандляваць
tregtoj

грошы
para

долар
dollar

еўра
euro

ена
jen

рубель
rubla

франк
franga zvicerane

кітайскі юань
juani kinez

рупія
rupje

банкамат
bankomat

абменны пункт

pikë këmbimi valutor

золата

ar

срэбра

argjend

нафта

nafta

энергія

energji

цана

çmim

кантракт

kontratë

падатак

taksë

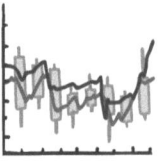

акцыя

aksione

працаваць

punoj

служачы

punonjës

працадаўца

punëdhënës

фабрыка

fabrikë

крама

dyqan

прафесіі
profesionet

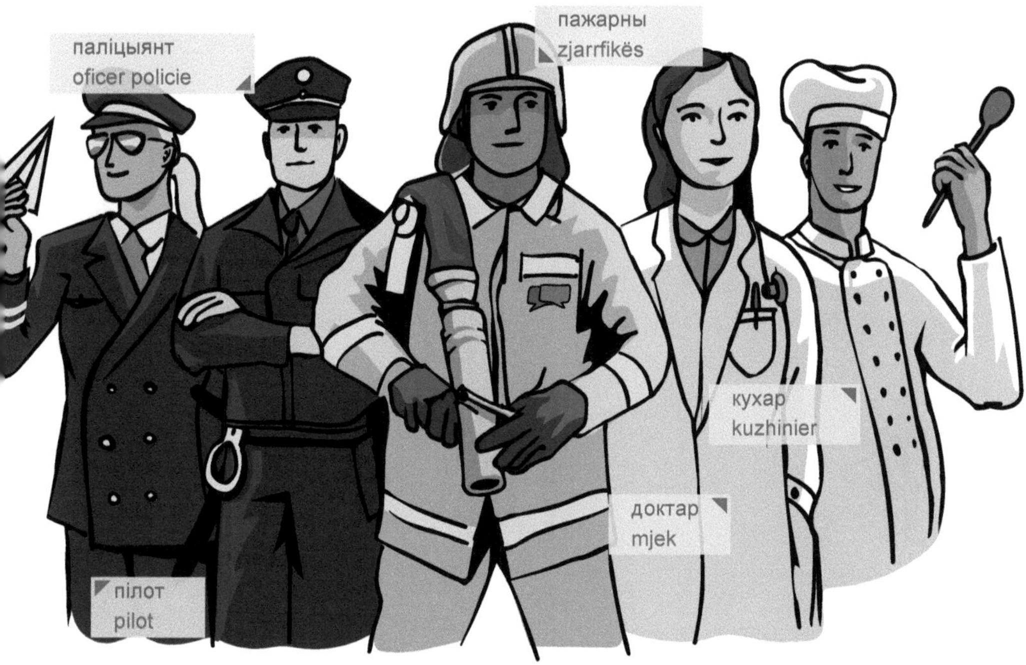
паліцыянт
oficer policie
пажарны
zjarrfikës
кухар
kuzhinier
доктар
mjek
пілот
pilot

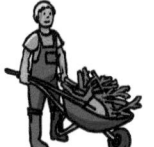

садоўнік

kopshtar

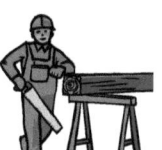

слесар

marangoz

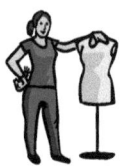

швачка

rrobaqepëse

суддзя

gjykatës

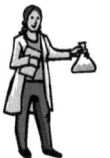

хімік

kimist

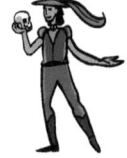

артыст

aktor

кіроўца аўтобуса

shofer autobuzi

таксіст

taksist

рыбак

peshkatar

прыбіральшчыца

pastruese

страхар

riparues çatish

афіцыянт

kamarier

паляўнічы

gjuetar

мастак

piktor

пекар

furrxhi

электрык

elektriçist

будаўнік

ndërtues

інжынер

inxhinier

мяснік

kasap

сантэхнік

hidraulik

паштальён

postieri

салдат

ushtar

архітэктар

arkitekt

касір

arkëtar

фларыст

luleshitës

цырульнік

berber

кандуктар

kontrollor

механік

mekanik

капітан

kapiten

стаматолаг

dentist

вучоны

shkencëtar

рабін

rabin

імам

imam

манах

murg

святар

klerik

інструменты

mjete

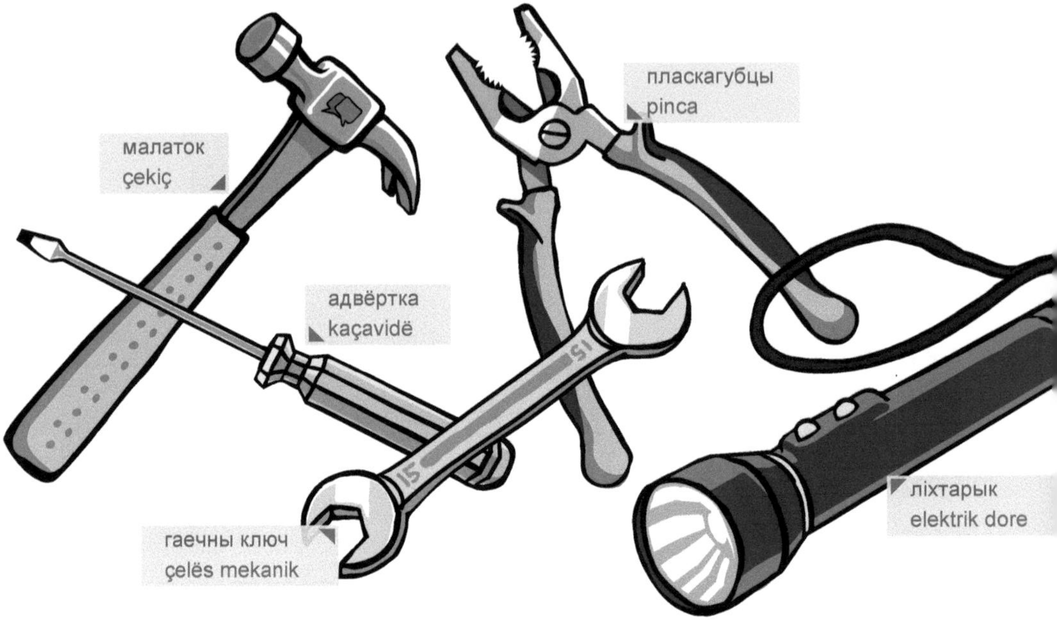

малаток
çekiç
пласкагубцы
pinca
адвёртка
kaçavidë
ліхтарык
elektrik dore
гаечны ключ
çelës mekanik

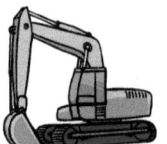

экскаватар

ekskavator

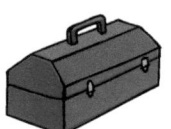

скрыня для інструментаў

kuti veglash

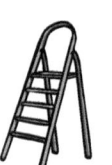

дравіны

shkallë

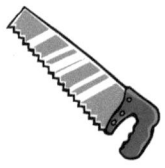

піла

sharrë

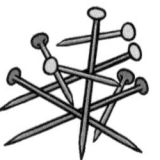

цвікі

gozhdë

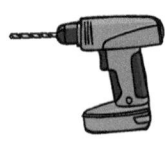

дрыль

trapan

рамантаваць

riparoj

рыдлеўка

lopatë

Халера!

Dreq!

шуфлік для смецця

kaci

вядро з фарбаю

kuti boje

балты

vidhë

музычныя інструменты
instrumenta muzikorë

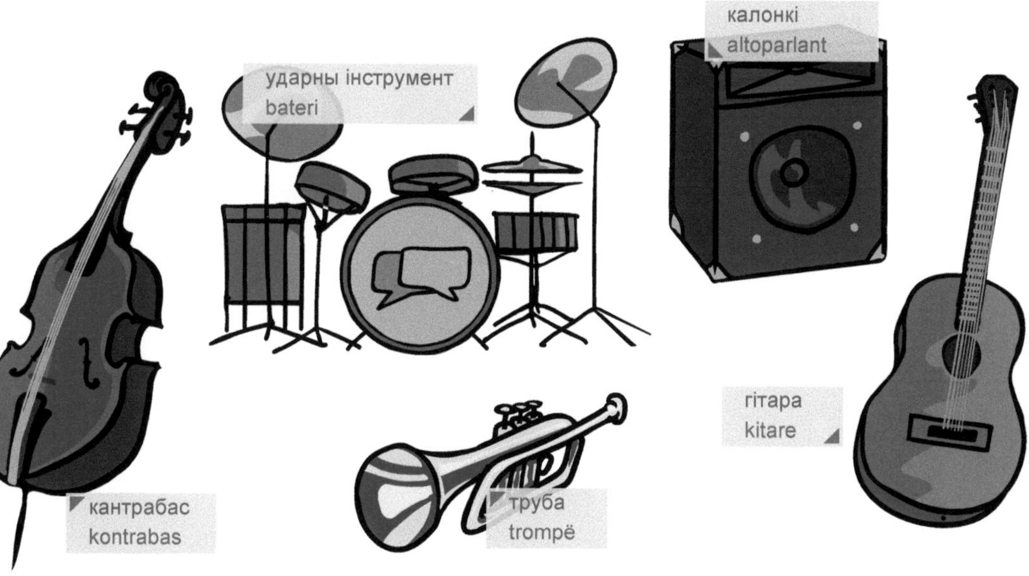

ударны інструмент
bateri

калонкі
altoparlant

гітара
kitare

кантрабас
kontrabas

труба
trompë

піяніна

piano

скрыпка

violinë

басгітара

bas

літаўры

tamburë

барабан

daulle

клавішны электрамузычны інструмент

tastierë pianoje

саксафон

saksofon

флейта

flaut

мікрафон

mikrofon

заапарк

kopsht zoologjik

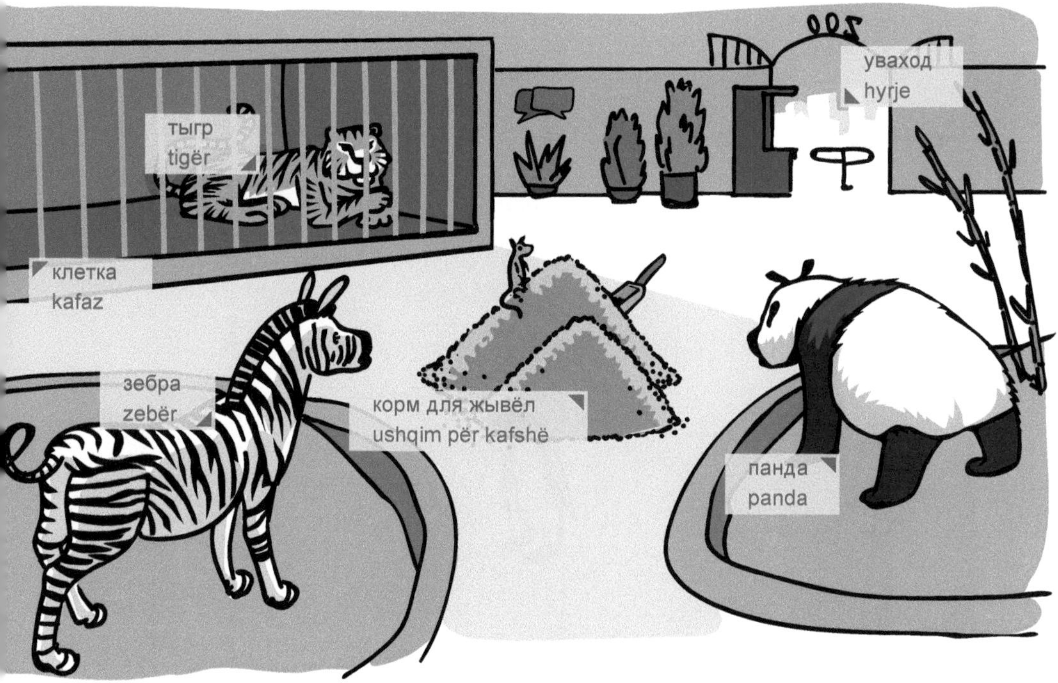

тыгр
tigër
уваход
hyrje
клетка
kafaz
зебра
zebër
корм для жывёл
ushqim për kafshë
панда
panda

жывёлы

kafshë

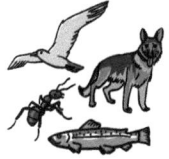

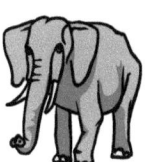

слон

elefant

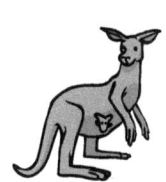

кенгуру

kangur

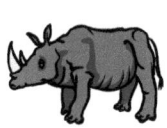

насарог

rinoceront

гарыла

gorillë

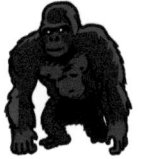

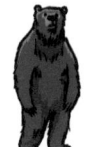

мядзведзь

ari

вярблюд

deve

стравус

struc

леў

luan

малпа

majmun

фламінга

flamingo

папугай

papagall

белы мядзведзь

ari polar

пінгвін

pinguin

акула

peshkaqen

паўлін

pallua

змяя

gjarpër

кракадзіл

krokodil

наглядчык заапарка

punonjës i kopshtit zoologjik

цюлень

fokë

ягуар

xhaguar

заапарк - kopsht zoologjik

поні
....
poni

леапард
....
leopard

бегемот
....
hipopotam

жыраф
....
gjirafë

арол
....
shqiponjë

дзік
....
derr i egër

рыбак
....
peshk

чарапаха
....
breshkë

морж
....
lopë deti

ліса
....
dhelpër

газель
....
gazelë

амерыканскі футбол
futboll amerikan

веласпорт
çiklizëm

тэніс
tenis

баскетбол
basketboll

плаванне
not

бокс
boks

хакей з шайбай
hokej mbi akull

футбол
futboll

бадмінтон
badminton

лёгкая атлетыка
atletikë

гандбол
hendboll

горныя лыжы
ski

пола
polo

дзейнасць
aktivitet

скакаць
hidhem
абдымаць
përqafoj
смяяцца
qesh
ісці
eci
спяваць
këndoj
марыць
ëndërroj
маліцца
lutem
цалаваць
puth

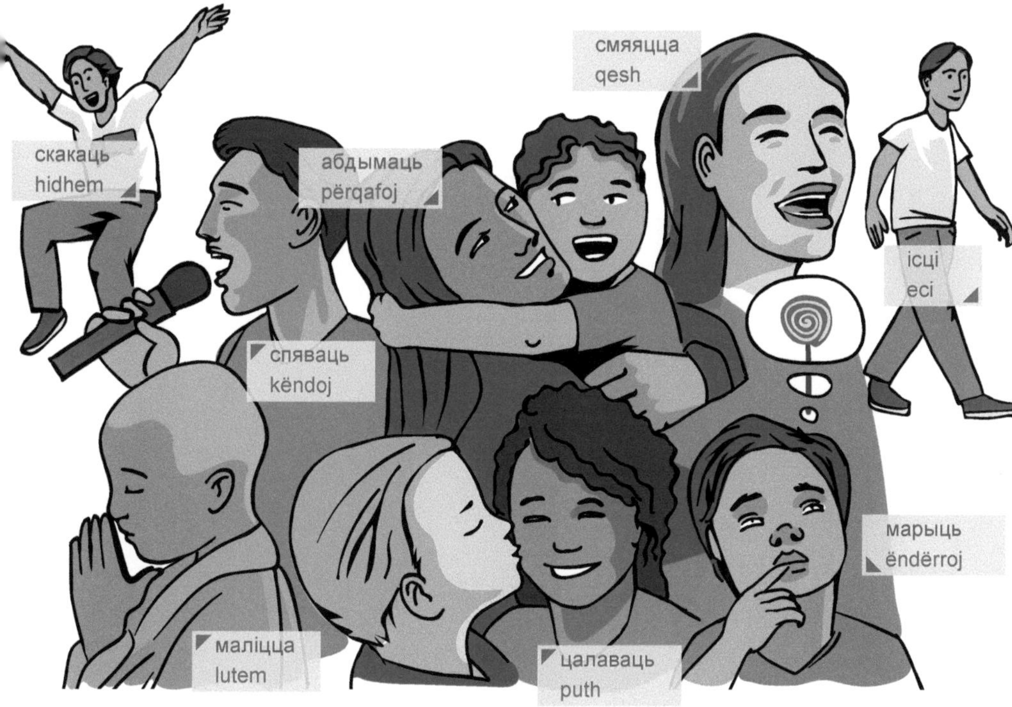

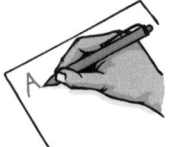

пісаць

shkruaj

маляваць

vizatoj

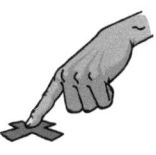

паказваць

tregoj

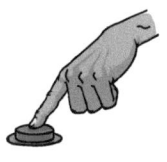

націснуць

shtyj

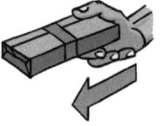

даваць

jap

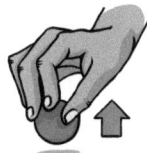

браць

marr

маць

kam

выконваць

bëj

быць

jam

стаяць

qëndroj

бегчы

vrapoj

цягнуць

tërheq

кідаць

hedh

падаць

bie

ляжаць

shtrihem

чакаць

pres

насіць

mbaj

сядзець

ulem

апранацца

vishem

спаць

fle

прачынацца

zgjohem

глядзець

shikoj

плакаць

qaj

лашчыць

përkëdhel

прычэсвацца

kreh

гаварыць

bisedoj

разумець

kuptoj

пытаць

kërkoj

чуць

dëgjoj

піць

pi

есці

ha

прыбіраць

sistemoj

кахаць

dashuroj

гатаваць

gatuaj

ехаць

drejtoj makinën

лятаць

fluturoj

плаваць пад ветразем

lundroj

лічыць

llogaris

чытаць

lexoj

вучыць

mësoj

працаваць

punoj

уступаць у шлюб

martohem

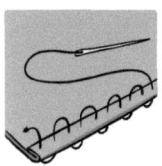

шыць

qep

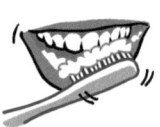

чысціць зубы

laj dhëmbët

забіваць

vras

курыць

tymos

пасылаць

dërgoj

бабуля
gjyshe

дзядуля
gjysh

бацька
baba

маці
nёnё

дзіця
bebe

дачка
vajzё

сын
djalё

госць

mysafir

цётка

teze, hallё

дзядзька

dajё, xhaxha

брат

vёlla

сястра

motёr

цела

trupi

лоб
balli
вока
syri
плячо
shpatulla
палец
gishti
твар
fytyra
падбародак
mjekra
рука
dora
грудзі
krahërori
нага
këmba
рука
krahu

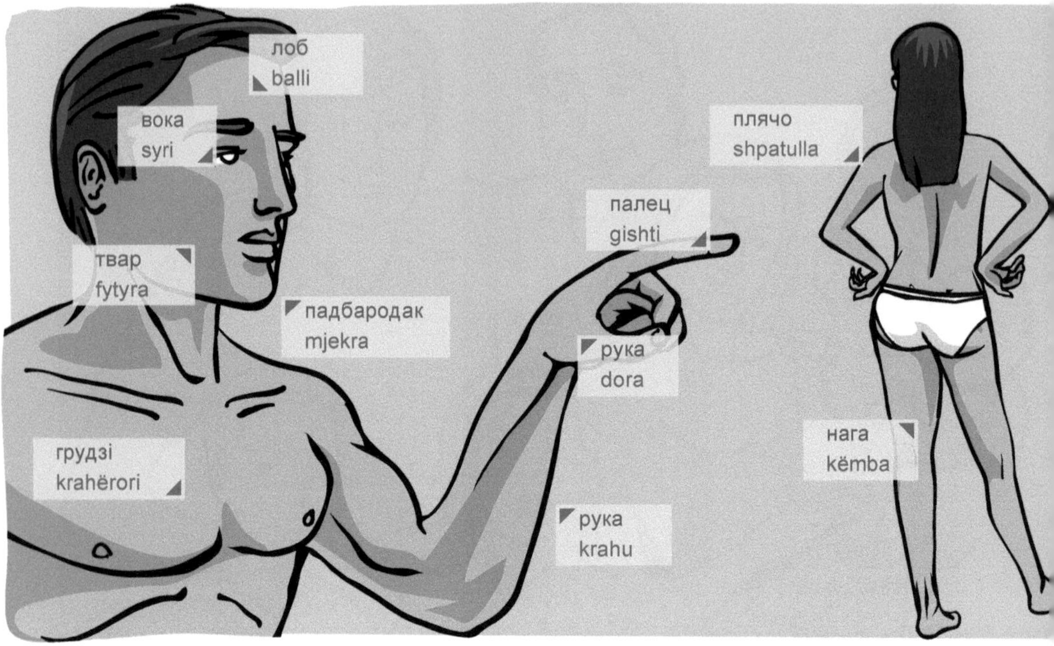

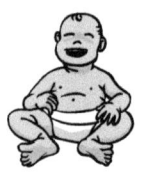

дзіця

bebe

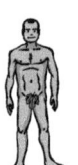

мужчына

burrë

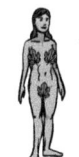

жанчына

grua

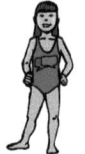

дзяўчынка

vajzë

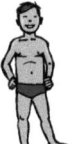

хлопчык

djalë

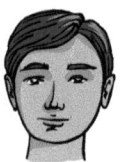

галава

koka

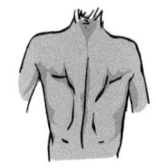

спіна

shpina

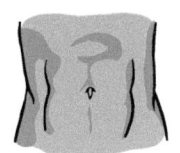

жывот

barku

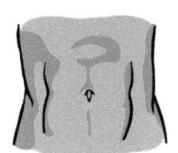

пуп

kërthiza

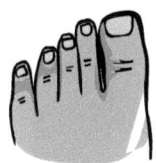

палец нагі

gisht këmbe

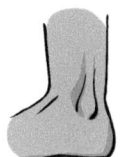

пятка

Thembra

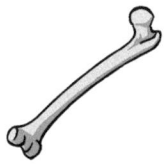

костка

kockë

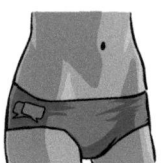

бядро

legeni

калена

gjuri

локаць

bërryli

нос

hunda

ягадзіца

vithe

скура

lëkura

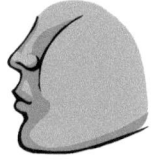

шчака

faqja

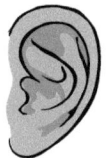

вуха

veshi

губа

buza

рот

goja

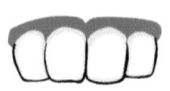

зуб

dhëmbët

язык

gjuha

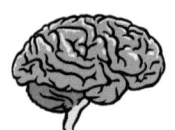

галаўны мозг

truri

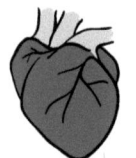

сэрца

zemra

мышца

muskul

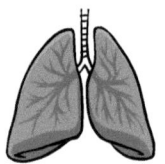

лёгкае

mushkëria

пячонка

mëlçia

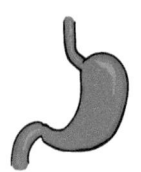

страўнік

stomaku

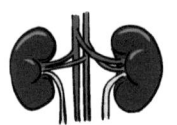

ныркі

veshka

сэкс

seks

прэзерватыў

prezervativ

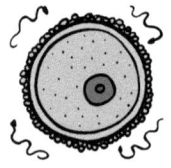

яйцаклетка

veza

сперма

sperma

цяжарнасць

shtatëzani

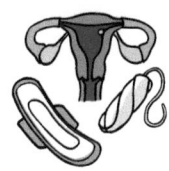

менструацыя

menstruacione

похва

vagina

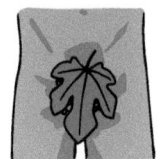

пеніс

penis

брыво

vetulla

валасы

flokët

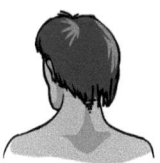

шыя

qafa

шпіталь
spital

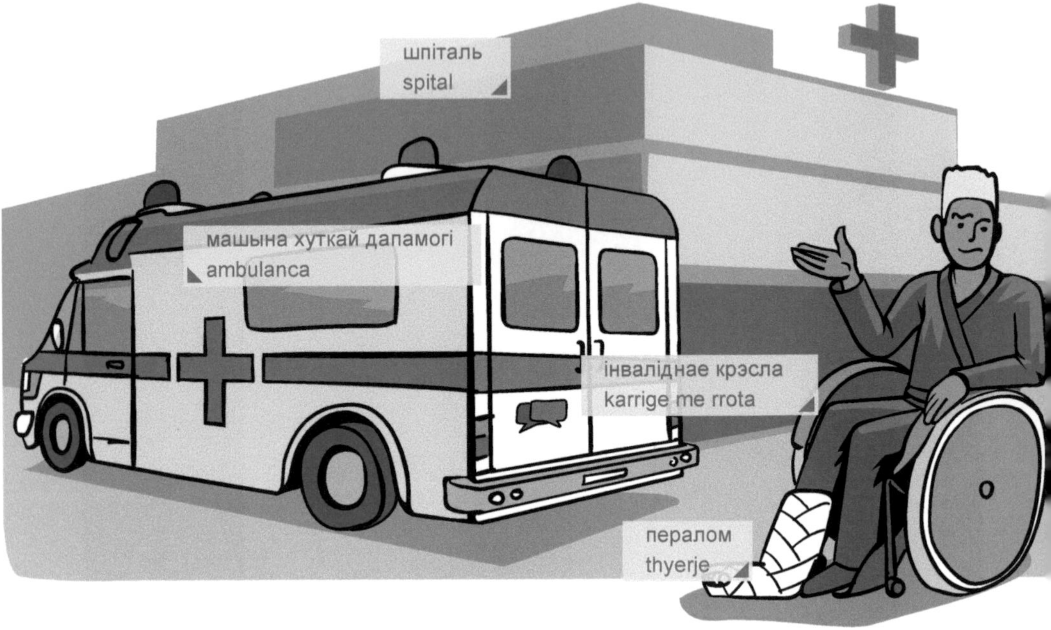

машына хуткай дапамогі
ambulanca

інваліднае крэсла
karrige me rrota

пералом
thyerje

доктар

mjek

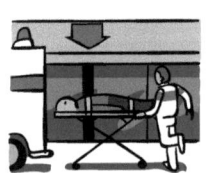

аддзяленне першай
дапамогі

sallë urgjencash

медсястра

infermiere

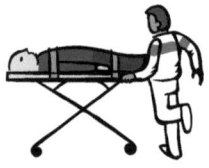

экстраная дапамога

emergjencë

непрытомны

i pandërgjegjshëm

боль

dhimbje

траўма

dëmtim

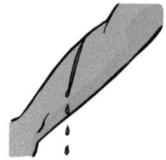

крывацёк

gjakosje

інфаркт

infarkt

апаплексія

goditje

алергія

alergji

кашаль

kolla

гарачка

ethe

грып

grip

панос

diarre

галаўны боль

dhimbje koke

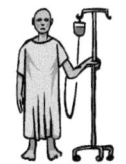

рак

kancer

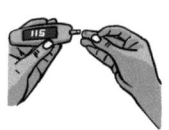

дыябет

diabet

хірург

kirurg

скальпель

bisturi

аперацыя

operacion

КТ
CT (skaner)

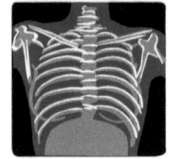

рэнтген
radiografi

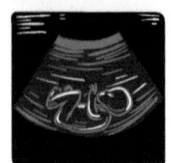

ультрагук
ultratingull

маска
maskë fytyre

хвароба
sëmundje

пачакальня
dhomë pritjeje

мыліца
paterica

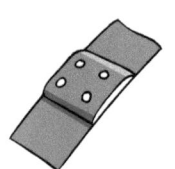

пластыр
leukoplast

бінт
fasho

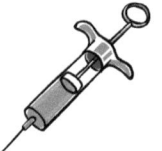

ін'екцыя
injeksion

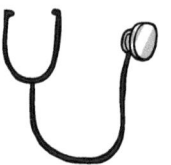

стэтаскоп
stetoskop

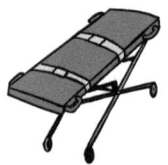

насілкі
barelë

градуснік
termometër

нараджэнне
lindje

лішняя вага
mbipeshë

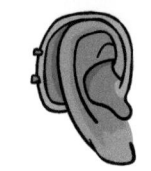

слухавы апарат

aparat dëgjimi

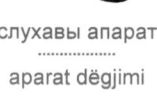

дэзінфекцыйны сродак

dezinfektant

інфекцыя

infeksion

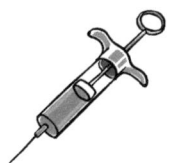

вірус

virus

ВІЧ/СНІД

HIV / AIDS

лекі

mjekësi, mjekim

прышчэпка

vaksinim

таблеткі

tableta

супрацьзачаткавая таблетка

pilulë

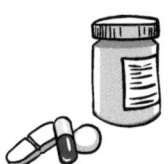

экстраны выклік

telefonatë emergjence

танометр

aparat tensioni

хворы / здаровы

i sëmurë / i shëndetshëm

шпіталь - spital

Ратуйце!

Ndihmë!

сігналізацыя

alarm

напад

sulm

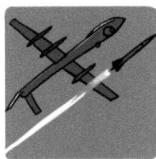

атака

atak

небяспека

rrezik

аварыйны выхад

dalje emergjence

Пажар!

Zjarr!

вогнетушыцель

fikëse zjarri

аварыя

aksident

аптэчка

kuti e ndimës së shpejtë

COC

SOS

паліцыя

policia

Еўропа

Europa

Паўночная Амерыка

Amerika e Veriut

Паўднёвая Амерыка

Amerika e Jugut

Афрыка

Afrika

Азія

Azia

Аўстралія

Australia

Атлантычны акіян

Atlantiku

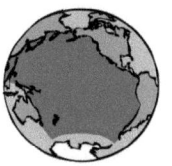

Ціхі акіян

Paqësori

Індыйскі акіян

Oqeani Indian

аўднёвы ледавіты акіян

Oqeani Antarktik

Паўночны ледавіты акіян

Oqeani Arktik

Паўночны полюс

Poli i veriut

Паўднёвы полюс

Poli i Jugut

Антарктыда

Antarktida

Зямля

toka

краіна

tokë

мора

det

востраў

ishull

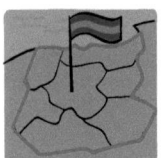

нацыя

komb

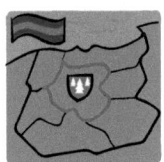

дзяржава

shtet

цыферблат

fusha e orës

гадзінная стрэлка

akrepi i orës

хвілінная стрэлка

akrepi i minutave

секундная стрэлка

akrepi i sekondave

Колькі часу?

Sa është ora?

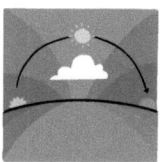

дзень

ditë

час

kohë

зараз

tani

электронны гадзіннік

orë dixhitale

хвіліна

minutë

гадзіна

orë

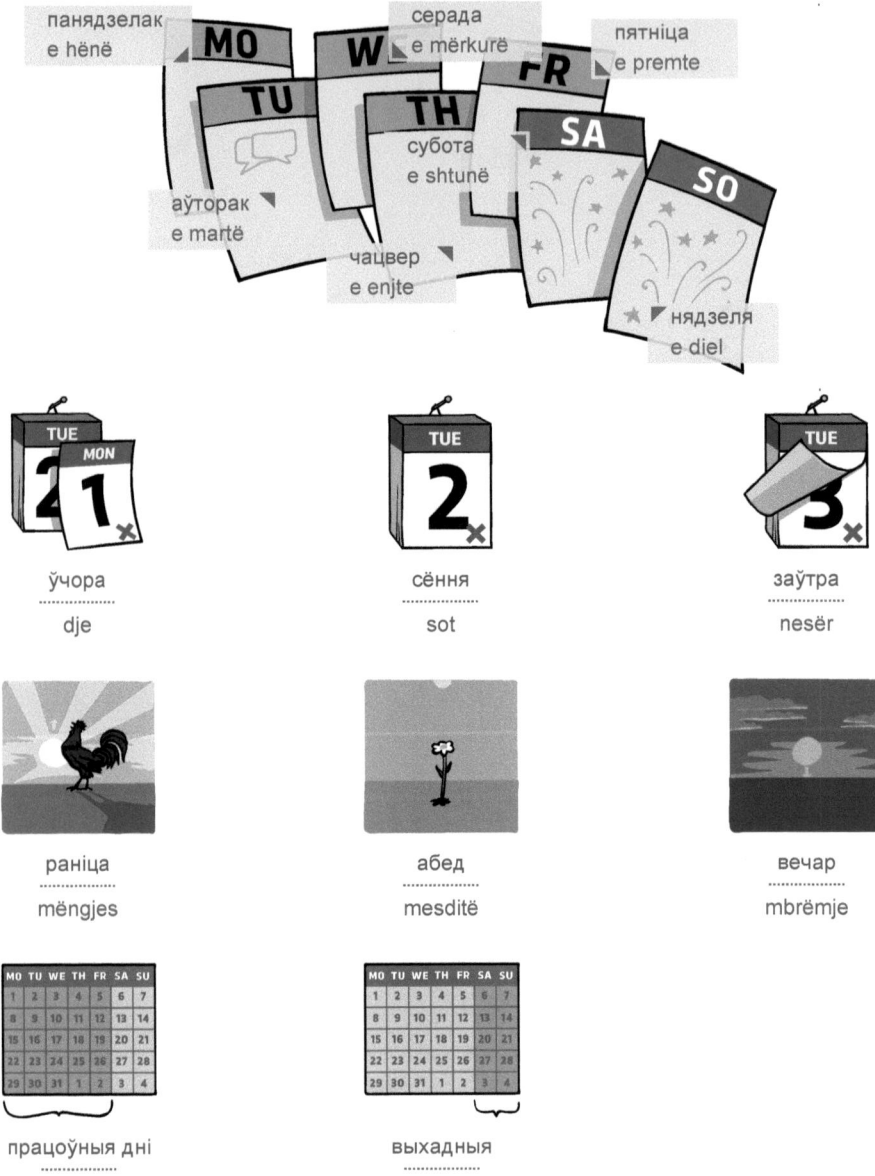

панядзелак
e hënë

серада
e mërkurë

пятніца
e premte

аўторак
e martë

чацвер
e enjte

субота
e shtunë

нядзеля
e diel

ўчора
dje

сёння
sot

заўтра
nesër

раніца
mëngjes

абед
mesditë

вечар
mbrëmje

працоўныя дні
ditë pune

выхадныя
fundjavë

год
vit

дождж
shi
вясёлка
ylber
вецер
erë
снег
borë
вясна
pranverë
лета
verë
восень
vjeshtë
зіма
dimër

4.APRIL 11°
5.APRIL 4°
6.APRIL 13°
7.APRIL 8°
8.APRIL 10°

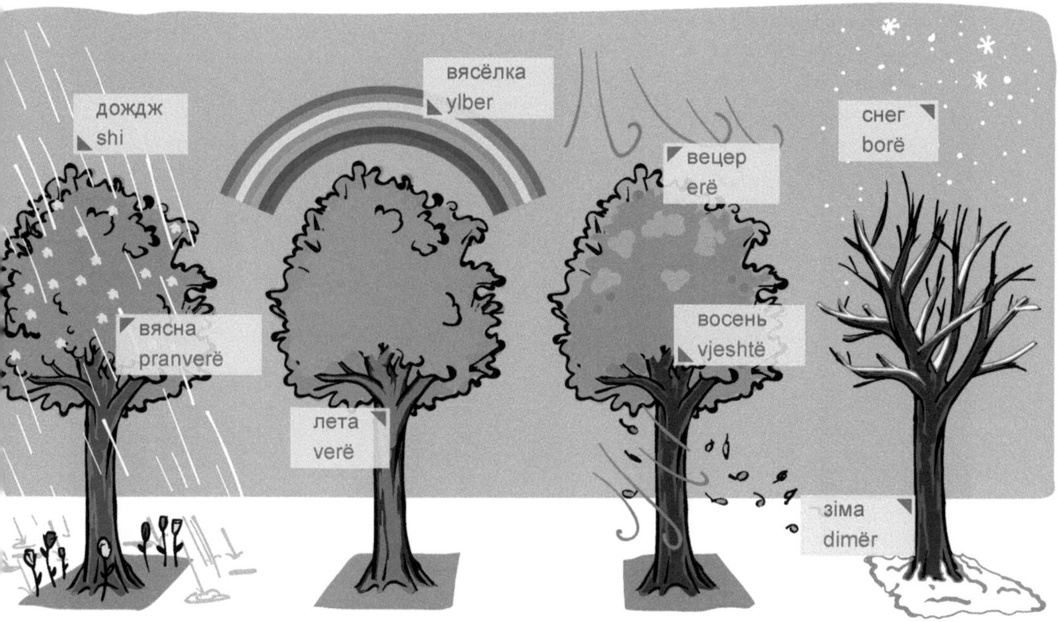

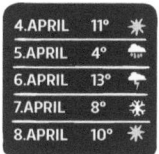

прагноз надвор'я

parashikimi i motit

F
C
120
90
60
30
0
-30
40
30
20
10
0
-10
-20

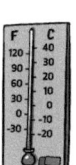

градуснік

termometër

сонечнае святло

ndriçim dielli

воблака

re

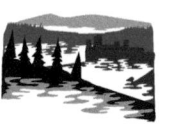

туман

mjegull

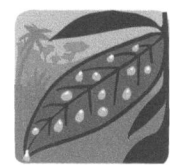

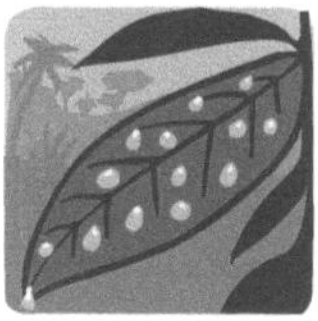

вільготнасць паветра

lagështi

маланка

vetëtima

гром

gjëmim

бура

stuhi

град

breshër

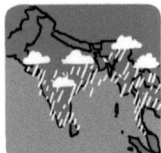

мусонны вецер

muson

прыліў

përmbytje

лёд

akull

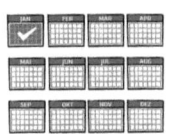

студзень

janar

люты

shkurt

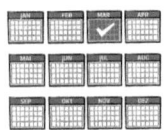

сакавік

mars

красавік

prill

май

maj

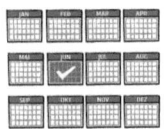

чэрвень

qershor

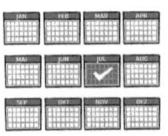

ліпень

korrik

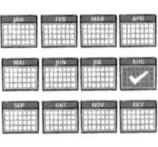

жнівень

gusht

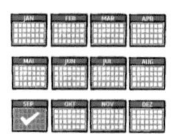

верасень
....
shtator

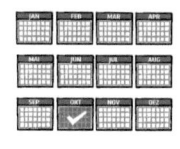

кастрычнік
....
tetor

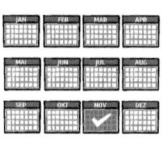

лістапад
....
nёntor

снежань
....
dhjetor

формы
forma

круг
....
rreth

квадрат
....
katror

прамавугольнік
....
drejtkёndёsh

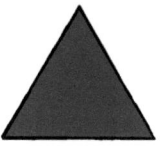

трохвугольнік
....
trekёndёsh

шар
....
sferё

куб
....
kub

белы
....
e bardhë

жоўты
....
e verdhë

аранжавы
....
portokalli

ружовы
....
rozë

чырвоны
....
e kuqe

фіялетавы
....
vjollcë

сіні
....
blu

зялёны
....
e gjelbër

карычневы
....
kafe

шэры
....
gri

чорны
....
e zezë

шмат / мала

shumë / pak

злы / добры

i nevrikosur / i qetë

прыгожы / брыдкі

i bukur / i shëmtuar

пачатак / канец

fillim / fund

высокі / малы

i madh / i vogël

светлы / цёмны

i ndritshëm / i errët

сястра / брат

vëlla / motër

чысты / брудны

e pastër / e pistë

поўны / няпоўны

e plotë / jo e plotë

дзень / ноч

ditë / natë

мёртвы / жывы

gjallë / vdekur

шырокі / вузкі

i gjerë / i ngushtë

ядомы / неядомы

i ngrënshëm / i
pangrënshëm

злы / добры

i keq / i këndshëm

узбуджаны / нудны

i lumtur / i mërzitur

тоўсты / тонкі

i shëndoshë / i dobët

першы / апошні

e para / e fundit

сябар / вораг

mik / armik

поўны / пусты

plot / bosh

цвёрды / мяккі

e fortë / e butë

важкі / лёгкі

e rëndë / e lehtë

голад / смага

uri / etje

хворы / здаровы

i sëmurë / i shëndetshëm

нелегальны / легальны

e paligjshme / e ligjshme

разумны / дурны

i zgjuar / budalla

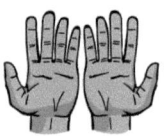

левы / правы

majtas / djathtas

побач / далёка

afër / larg

овы / былы ва ўжыванні
....
e re / e përdorur

нічога / нешта
....
asgjë / diçka

стары / малады
....
i moshuar / i ri

укл / выкл
....
ndezur / fikur

адчынены / зачынены
....
hapur / mbyllur

ціхі / гучны
....
i qetë / i zhurmshëm

багаты / бедны
....
i pasur / i varfër

правільна / няправільна
....
e drejtë / e gabuar

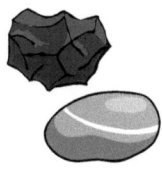

шурпаты / гладкі
....
i ashpër / i butë

сумны / шчаслівы
....
i mërzitur / i lumtur

кароткі / доўгі
....
i shkurtër / i gjatë

павольны / хуткі
....
ngadalë / shpejt

вільготны / сухі
....
i lagësht / i thatë

цёплы / халаднаваты
....
ngrohtë / freskët

вайна / мір
....
luftë / paqe

0

нуль

zero

1

адзін

një

2

два

dy

3

тры

tre

4

чатыры

katër

5

пяць

pesë

6

шэсць

gjashtë

7

сем

shtatë

8

восем

tetë

9

дзевяць

nentë

10

дзесяць

dhjetë

11

адзінаццаць

njëmbëdhjetë

12

дванаццаць

dymbëdhjetë

13

трынаццаць

trembëdhjetë

14

чатырнаццаць

katërmbëdhjetë

15

пятнаццаць

pesëmbëdhjetë

16

шаснаццаць

gjashtëmbëdhjetë

17

сямнаццаць

shtatëmbëdhjetë

18

васямнаццаць

tetëmbëdhjetë

19

дзевятнаццаць

nentëmbëdhjetë

20

дваццаць

njëzetë

100

сто

qind

1.000

тысяча

mijë

1.000.000

мільён

milion

англійская

anglisht

англійская (Амерыка)

anglishte amerikane

кітайская мандарынская

kinezisht mandarin

хіндзі

hindi

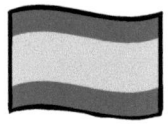

іспанская

spanjisht

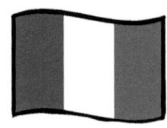

французская

frëngjisht

арабская

arabisht

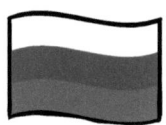

руская

rusisht

партугальская

portugalisht

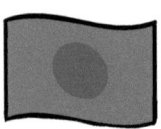

бенгальская

bengalisht

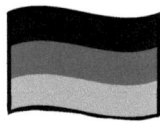

нямецкая

gjermanisht

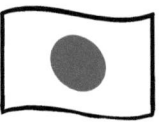

японская

japonisht

я
....
unë

ты
....
ti

ён / яна / яно
....
ai / ajo

мы
....
ne

вы
....
ju

яны
....
ata

хто?
....
kush?

што?
....
çfarë?

як?
....
si?

дзе?
....
ku?

калі?
....
kur?

імя
....
emër

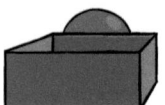

за
pas

у
në

перад
përballë

над
sipër

на
mbi

пад
poshtë

каля
pranë

паміж
midis

месца
vend